国家职业技能等级认定培训教材——合编版

保育员

（初级 中级 高级）

人力资源社会保障部教材办公室　组织编写

中国劳动社会保障出版社

图书在版编目（**CIP**）数据

保育员：初级　中级　高级 / 人力资源社会保障部教材办公室组织编写．-- 北京：中国劳动社会保障出版社，2020

国家职业技能等级认定培训教材：合编版

ISBN 978-7-5167-4752-0

Ⅰ.①保…　Ⅱ.①人…　Ⅲ.①幼教人员－技术培训－鉴定－教材　Ⅳ.①G615

中国版本图书馆 CIP 数据核字（2020）第 199739 号

中国劳动社会保障出版社出版发行

（北京市惠新东街 1 号　邮政编码：100029）

*

三河市华骏印务包装有限公司印刷装订　新华书店经销

787 毫米 ×1092 毫米　16 开本　11.25 印张　196 千字

2020 年 12 月第 1 版　　2024 年 1 月第 8 次印刷

定价：24.00 元

营销中心电话：400-606-6496

出版社网址：http://www.class.com.cn

前　言

为贯彻落实中共中央、国务院《关于分类推进人才评价机制改革的指导意见》精神，推动保育员职业培训和职业技能等级认定工作的开展，在保育员从业人员中推行职业技能等级制度，推进实施职业技能提升行动，人力资源社会保障部教材办公室组织有关专家对原保育员国家职业资格培训教程进行了优化升级，组织编写了国家职业技能等级认定培训教材——合编版。

本书依据《保育员国家职业技能标准》（以下简称《标准》）、结合岗位工作实际编写，内容上体现“以职业活动为导向、以职业能力为核心”的指导思想，突出职业等级认定培训特色；结构上针对保育员职业活动领域，按照职业功能模块分级别编写。针对《标准》中的“基本要求”，还专门编写了《保育员（基础知识）》，是各个级别从业人员的必备知识。

本书是国家职业技能等级认定培训教材——合编版中的一种，适用于初级、中级、高级保育员的培训，是国家职业技能等级认定培训推荐用书。

本书由周梅林、赵丽丽、武莉编写，周梅林主编。由于时间仓促，不足之处在所难免，欢迎提出宝贵意见和建议。

人力资源社会保障部教材办公室

目 录

第一部分　初级保育员

第二部分 中级保育员

第三部分　高级保育员

第一部分 初级保育员

第一章

清洁和消毒

第一节　环境卫生

第一单元　活动室和寝室的清洁

做好活动室和寝室的清洁是保育员每天的重要任务之一。活动室和寝室是婴幼儿每日生活的主要场所，其卫生状况直接影响婴幼儿的健康和幼儿园的教育工作，也是保育员工作质量的标志。每位保育员都应重视活动室和寝室的清洁。

一、学习目标

能够做到活动室和寝室清洁、整齐。

二、工作程序

1. 工作准备

准备水桶、清洁盆、擦拭不同位置的抹布、墩布、扫帚、掸子、洗涤剂、84 消毒液等。

2. 活动室和寝室清洁的顺序

（1）每日小扫除的清洁顺序

清扫窗帘、窗纱、窗棂、窗台、门框、玩具柜、游戏角设施、桌椅、床栏杆，然后擦地和摆放桌椅。

（2）大扫除的清洁顺序

擦墙；擦灯；擦窗帘、窗纱、窗玻璃、窗棂、窗台；擦门；擦玩具柜、游戏角的设施及书架等；擦床、栏杆；擦桌椅。

3. 清洁活动室的操作

（1）活动室清洁规则

1）每月至少擦拭两次窗户、墙壁、家具、灯具，每天至少擦拭一次窗台、玩具柜、游戏角设施等。除每天一次对地面和桌面进行早扫除外，还应进行若干次擦拭，如地面应在进餐前后、教育活动前后进行擦拭；桌面在桌面游戏和学习活动前后及进餐前后进行擦拭。

2）从上至下、从左至右、从里向外进行擦拭，以消除死角。

3）地面干净，无污物、无尘土、无多余物品。

4）窗明几净，室内家具、用品清洁，无尘、无擦痕。

（2）扫地

1）由里向外顺序清扫。

2）可用湿扫帚扫木板地或瓷砖地，用湿扫帚、潮湿且干净的沙子或锯末清扫水泥地，用干的扫帚扫砖瓦地。

3）扫地时一定要将扫帚压住，以免尘土飞扬。

（3）清洁墙壁

1）用掸子掸掉墙壁上的尘土。

2）用湿抹布擦拭油漆围墙。

（4）清洁窗户

1）清扫窗帘、窗纱，使之无灰尘。

2）用干净的、半潮湿的抹布擦拭玻璃，使之无尘土、无擦痕。

3）擦拭窗棂、窗台，若暖气暴露在外，还要擦拭暖气管和暖气片。

（5）拖地

1）先把家具和物品下面的地面擦净，然后再擦其他位置的地面。

2）拖地时要压住墩布，从左向右横拖，到两头时不要抬起墩布，可将墩布用力一转，以把脏物带走。

3）要从房间的里面向门口倒退着拖地，以防自己把地踩脏。

4）经常洗涮墩布，以保持墩布的清洁。

（6）擦拭家具

1）擦拭所有的家具，包括桌椅、柜子、书架、玩具柜及游戏角设施等。

2）从上到下，面、边棱、腿、各拐角等处都要擦到，使之无灰尘、无积土。

3）婴幼儿的桌子用消毒液擦拭后，再用清水擦拭 2 ~ 3 遍。

（7）擦拭灯具

灯的拉线、灯管、灯罩、开关等处都应擦净。

4. 清洁寝室的操作

（1）清洁顺序

1）整托幼儿园保育员操作程序。开窗通风、整理床铺并擦拭。

2）日托幼儿园保育员操作程序。开窗通风、擦拭床铺。

（2）具体操作

1）寝室的擦拭。应按照窗帘、窗纱、窗台、灯、墙、柜、床的顺序进行擦拭，每日擦拭窗台、柜、床。

2）床的擦拭。应按照从上到下的顺序进行，床头、床栏杆、床框、床腿等处都要擦到，做到各个部位均无灰尘。

3）窗帘、窗纱应每月洗一次。

三、注意事项

1. 保育员做擦拭工作时应认真细致，尤其应注意清除死角的灰尘。

2. 幼儿园应采用湿性扫地的方法，防止尘土飞扬。擦地应使用半干的墩布，防止地面留下水迹。

3. 用消毒液擦拭后应再用清水擦拭，防止消毒液的存留。

4. 保育员的卫生工作不是一时性的，应贯彻全天，做到随脏随擦，从而随时保持活动室和寝室的清洁。

第二单元　盥洗室的清洁

一、学习目标

能够做到盥洗室清洁、无味、无蝇。

二、工作程序

1. 工作准备

准备擦拭不同位置的抹布和墩布、水桶、清洁盆、去污粉、漂白粉或其他消毒剂。

2. 工作顺序

（1）开窗通风，清理污物，冲洗便池、水池，清洁纸篓、墙壁、灯、镜子、柜子及地面。

（2）摆放经消毒过的杯子，一人一杯。

（3）换上洗净消毒后的毛巾，一人一巾。

（4）准备卫生纸。

（5）准备香皂。

3. 工作标准

（1）清洁、通风。

（2）水池的下水处无头发、污物，地面无积水、无污渍，室内无垃圾堆放。

（3）门窗、镜框、灯、柜子保持清洁干净。

（4）便池、马桶及时冲洗，无尿渍、无臭味、无蚊蝇。

4. 具体操作

（1）清洁便池

1）冲便池。

2）用漂白粉乳剂浸泡、刷洗便池。对池底、拐角、下水管道口 10 cm 等处应重点擦拭，做到无尿渍、无臭味。

（2）清洁水池

用去污粉（洗衣粉、洗涤剂）擦拭水池，将水池中的油污、水渍、污物彻底清除掉，做到池子光滑、清洁（无头发、无饭粒菜渣等污物）、无异味。

（3）清洁地面

1）扫净地面，暖气下、墙角、柜子底下、纸篓都应清扫干净。

2）用前一天准备的半干墩布擦地 2 ~ 3 遍，直至地面无积水、无污渍、无死角、透亮为止。

（4）擦拭镜子

用半干的抹布擦 2 ~ 3 次，达到无水迹、无擦痕、干净明亮。

（5）准备卫生纸

1）将卷状卫生纸剪成 20 cm 长的纸巾，放入纸筐中备用。

2）将纸筐或盒装卫生纸放在婴幼儿易发现、易拿到的地方。

（6）准备香皂

将香皂放入皂盒内，或放入一个小网兜内。每个水龙头下都要有一块香皂。

（7）摆放水杯与挂放毛巾

将婴幼儿的水杯摆放好，将毛巾挂放整齐。

三、注意事项

1. 保育员应注意保持盥洗室地面清洁干燥，防止婴幼儿滑倒。
2. 保育员要清洁双手后再摆放水杯和挂放毛巾。
3. 提醒婴幼儿大小便后及时冲厕。
4. 全天敞开盥洗室的窗户。

第三单元　开 窗 通 风

一、学习目标

能够根据具体情况开窗通风，保持空气新鲜。

二、工作程序

1. 及时开窗通风

保育员到园后应立即开窗通风。

2. 开窗通风的时间

冬季一般开窗的时间应为 10 ~ 15 min，而且至少每半天通风一次，或始终小开一扇窗子。夏季一般执行全天通风的制度，在使用空调的房间里应保持每半天通风一次，每次 10 ~ 15 min。在呼吸道传染病易发时期，应增加通风次数和通风时间。

3. 根据天气状况开窗通风以保持空气新鲜

保育员应能够根据季节、气温、风力的大小，决定开窗通风的时间、打开窗子的数量以及开窗的大小。天冷时，开窗时间可以短一些，以使室温保持在 16 ~ 18 ℃为宜；若风大，可根据风向决定开哪扇窗户；根据温度计的度数及时调整开窗时间。夏季应全天开窗通风，若室温过高，要采用打开电风扇、让窗子对流、地面适当洒水等方法降温。

4. 根据房间的性质决定开窗的时间

寝室开窗通风的时间应在婴幼儿睡眠前及睡眠后，或使用风斗式通风小窗或定时使用排风扇进行通风。盥洗室应全天开窗。

三、注意事项

睡眠时间通风应避免空气对流，或对着婴幼儿直吹。

四、相关知识

通风即室内空气与室外空气的流通。通过空气的流通，可排出室内的污浊空气，并送进室外的新鲜空气，同时使室内的微小气候得到调节。

1. 开窗通风的重要性

（1）保持空气新鲜，满足用氧需求

婴幼儿呼吸道的绝大多数器官、组织，如鼻、咽、喉、气管、支气管，都是呼吸的无效空间，无法进行气体交换。在婴幼儿吸入的气体中只有一小部分进入肺内进行气体交换，加之婴幼儿呼吸机能不完善、肺泡小，因此真正能进行交换的气体十分有限。这就要求婴幼儿生活的空间空气清洁、氧气含量大。但是，幼儿园是集体环境，人多，生活空间有限，活动室、教室的氧气在婴幼儿的呼吸作用下会很快减少，而二氧化碳却很快增加。另外，皮肤等器官发出不良气味等，也会使婴幼儿生活场所的空气很快变得污浊不堪。只有开窗通风，保持空气新鲜，才能满足婴幼儿对氧气的需求，保证婴幼儿生活的环境空气清新、无异味。

（2）降低致病细菌浓度

在湿度大、通风不良、日照不充足的情况下，许多致病微生物可较长时间地在室内生存并保持致病性。因此在空间狭小、婴幼儿之间接触密切的情况下，室内空气污浊常可造成疾病传播，尤其是流感等呼吸道传染病更为明显。开窗通风可以降低空气中致病细菌的浓度，而且，新鲜空气对致病微生物也具有一定的杀灭作用。

（3）有利于婴幼儿的生长发育

婴幼儿正处于生长发育最为旺盛的时期，大脑对氧气的需要量很大，缺氧会对婴幼儿大脑的发育产生严重的影响。因此，重视婴幼儿生活空间的空气质量是十分必要的。

2. 幼儿园常用的通风方式

幼儿园常用的通风方式有两种：自然通风和人工通风。

（1）自然通风

自然通风是调节微小气候的主要方法。其途径是通过建筑物砖瓦材料的孔隙和门、窗进行气体交换，但砖墙结构的通风量甚微，室内换气主要还应靠窗户来实现。

（2）人工通风

如采用自然通风时室温仍达到 30 ℃以上，应采用人工通风的辅助设备，如电风扇、排风扇、空调等。

为了保证婴幼儿的健康，幼儿园都制定了严格而合理的开窗通风制度，以保证活动室、寝室内空气新鲜和适宜的微小气候。在初春、晚秋和冬季可充分利用通风小窗进行通风换气。每天，婴幼儿在室内活动时都要打开通风小窗换气，或开排风扇或小开一扇窗子。当他们离开活动室做户外活动时，可打开大窗通风。如室内取暖设备比较完善，冬季也可整日开着通风小窗或一扇窗子。通风换气时间的长短，应根据室内外气温情况决定。一般室内外温差越大，通风换气的速度越快，换气所需的时间越短。在夏季和温暖的春秋季，无大风时可敞开窗户。

第二节　消　毒

第一单元　日常消毒

一、学习目标

能够做好幼儿园的日常消毒工作。

二、工作程序

1. 消毒物品

需要消毒的物品有玩具、图书、毛巾、水杯、餐具、桌椅、门把手、水龙头、水池、便池、坐便器、清洁用具等。

2. 消毒方法

经常采用的消毒方法有擦拭消毒、浸泡消毒、冲洗消毒、日晒消毒、蒸汽消毒等。

3. 消毒程序

消毒的程序应严格按照以下具体规定执行。

（1）每日消毒

1）毛巾的消毒

①浸泡。先用自来水将毛巾浸湿，然后再用洗衣粉或洗涤剂水浸泡 20 min 左右。

②搓洗、漂洗。认真搓洗，特别脏的毛巾打肥皂搓洗，然后将其漂洗干净。

③蒸煮或用消毒剂浸泡。可采用煮沸 15 ~ 30 min 或蒸汽蒸 10 ~ 15 min 的方法，或用 0.5%的洗消净或 84 消毒液浸泡 5 ~ 10 min，然后用流动清水冲洗干净。

2）水杯的消毒

①擦洗。用百洁布擦拭杯口、杯内（蘸去污粉或洗涤灵），用小刷子刷洗水杯的把手。

②冲洗。用流动的水冲洗干净。

③蒸煮或浸泡。用 0.5%的洗消净或 84 消毒液浸泡 5 ~ 10 min（煮沸 15 ~ 30 min，蒸汽蒸 10 ~ 15 min），用流动的清水冲洗干净。

3）餐具的消毒。首先，要洗净餐具。然后，采用合理的方法进行消毒。常用的餐具消毒方法是煮沸法和蒸汽法。

4）门把手、水池、水龙头、桌椅等的消毒。每天用抹布蘸 0.5%的洗消净或 84 消毒液擦拭 2 ~ 3 遍，滞留 10 min，再用清水洗净的抹布擦拭。

5）便池、坐便器的消毒。用 10% ~ 21%的漂白粉乳剂浸泡 15 min，然后将其刷洗干净。

6）抹布的消毒

①使用抹布后，用水将黏附在抹布上的污物冲洗掉。

②将抹布用肥皂或洗涤剂洗净。

③用 84 消毒液或 0.5%的漂白粉澄清液浸泡 2 min。

（2）经常性的消毒

1）玩具的消毒。每周用 0.5%的洗消净或 84 消毒液浸泡 1 min，每周两次。

2）图书的消毒。经常在日光下翻晒 3 ~ 6 h。

3）清洁用具的消毒。每次用后及时洗净，保持干燥。

4）被褥、床单的消毒。整托幼儿园每两周换洗床单、枕巾一次，日托幼儿园每月换洗一次。每月晒被褥一次，拆洗被套一次。

三、注意事项

1. 使用消毒剂后用清水将消毒剂的残余擦掉。

2. 毛巾、水杯消毒后，应使用消毒过的夹子将其夹出，放到架子上，或将手洗净，把物品归位，尽量避免用不清洁的手触摸，以免造成污染。

3. 毛巾、水杯及餐具的消毒，应首先清洗黏附在上面的污物，然后进行不同形式的消毒。

4. 用具如抹布、墩布、水桶等要专用，用后及时清洗，以保持干燥。

5. 循环使用的餐具和餐巾，每次使用后应消毒。

四、相关知识

幼儿园常用的消毒方法有煮沸消毒法、蒸汽消毒法、日晒消毒法、化学消毒法。

1. 煮沸消毒法

煮沸消毒法是最简便有效的方法，被消毒的物品需全部浸入水中，水开后煮15 ~ 20 min。取出后妥善保管，防止污染。各种耐热的物品、金属器皿和食具等均可采取煮沸法消毒。

2. 蒸汽消毒法

蒸汽消毒法是将各种耐热物品放入蒸汽消毒柜蒸40 min，其灭菌效果极佳。

3. 日晒消毒法

日晒消毒法是利用紫外线消毒灭菌。在阳光下暴晒3 ~ 6 h可将物品表面的病原体杀死。如流感、百日咳、流行性脑脊髓膜炎、麻疹等病原体，在阳光直射下会很快死掉。适用于日晒法消毒的物品有：衣服、被褥、书籍、玩具等。

4. 化学消毒法

化学消毒法是使用安全的化学消毒剂进行消毒。常用的化学消毒剂有煤酚皂溶液、石灰、漂白粉、氯亚明、过氧乙酸、新洁尔灭等。

（1）煤酚皂溶液

煤酚皂溶液俗称来苏儿，为带有酚臭味的红褐色油状液体，呈强碱性。可用3% ~ 5%浓度的来苏儿消毒用具。

（2）石灰

用10% ~ 20%石灰乳剂对肠道传染病病人的粪便进行消毒处理。1份粪便加2份石灰乳，消毒 4 h，即可达到杀菌的目的。

（3）漂白粉

漂白粉干粉可用于尿及稀便的消毒，漂白粉乳液可用于稠便的消毒，0.2%～1%的漂白粉澄清液，一般用于用具、家具、便盆等的消毒。

（4）氯亚明

0.5%的氯亚明溶液可用于用具、家具、便盆等的消毒，3%的氯亚明溶液可用于对粪便的消毒。

（5）过氧乙酸

0.1%～0.5%的过氧乙酸溶液可用于不锈钢制品、塑料制品、体温表、水果等的消毒。

（6）新洁尔灭

0.5%的新洁尔灭溶液可用于食具的消毒。

第二单元　消毒液的配制

一、学习目标

能够配合保健医生配制消毒液。

二、工作程序

1. 按照保健医生的要求，准备水盆或水桶及量杯。
2. 根据配制比例或要求，配制所需要的消毒液。根据比例，在水盆或水桶中准备相应份数的水，并用量杯将一份药液倒入其中。
3. 将消毒液搅拌均匀。
4. 按照保健医生的要求，将配制好的消毒液放置在婴幼儿无法拿到的地方。

三、注意事项

1. 配制过程中应注意安全。
2. 按照时间和地点的要求，妥善放置消毒液。

第二章

生活管理

第一节　晨、午、晚检与体检

第一单元　晨、午、晚检

一、学习目标

能够协助教师和保健医生进行晨、午、晚检，能够给婴幼儿喂药。

二、工作程序

1. 日托幼儿园的晨、午、晚检

（1）在对婴幼儿进行晨、午、晚检之前，保育员应帮助他们脱掉外套、帽子并叠放整齐，放在固定的地方。

（2）晨检时保育员要对病儿带来的药物做详细的登记，并将它们放在婴幼儿够不到的地方。

（3）晨、午、晚检时协助检查婴幼儿的衣兜，将他们带来的小物件暂时保存起来。

（4）晨、午、晚检时指导婴幼儿用盐水漱口。

2. 整托幼儿园的晨、午、晚检

（1）协助进行晨检。

（2）晨、午检时拉开窗帘。

（3）晨、午检时唤醒仍然在睡眠中的孩子。

（4）晨、午检时提醒已醒的孩子如厕。

（5）冬季晨、午检时应将压风被叠好，并放入柜子。

3. 喂药

（1）核对患儿的姓名与药名及服药剂量。

（2）根据服药记录准备药物。液体药物应用量杯服用，中药丸应搓成小球状服用。

（3）准备服药用的白开水。

（4）和蔼地劝说病儿吃药，对于较小的婴儿，应采用正确的方法喂药。

（5）让服药后的病儿安静片刻，避免吃药后马上从事剧烈活动。

（6）做好服药记录。服药记录表具体实例见表 2–1。

表 2–1 服药记录表

姓名	年龄	病名	药品类别			服药时间		给药人签名
			液体	颗粒 / 片剂 / 胶囊	外用	上午	下午	
袁赛	4 岁	感冒	沐舒坦 5 mL	感冒清热冲剂 1 袋	—	12：00	5：00	李莎莎
……								

三、注意事项

1. 做好药品的登记工作，具体内容包括：姓名、病名、药名、服法（时间、药量）。
2. 为婴幼儿准备的药物切不可出现错误。

第二单元 体 检

一、学习目标

能够协助保健医生对婴幼儿进行体检。

二、工作程序

1. 协助保健医生组织婴幼儿排队。

2. 协助保健医生清点人数。
3. 帮助保健医生核对体检婴幼儿的名单。
4. 扶抱较小的婴儿上（下）身高、体重仪。
5. 帮助孩子迅速穿脱衣服和鞋子。
6. 协助保健医生对体检情况做认真的记录。
7. 安抚婴幼儿的情绪。

第二节　进餐管理

第一单元　三餐的保温和保洁

一、学习目标

能够根据天气情况做好三餐的保温和保洁工作。

二、工作程序

1. 饭菜保温保洁的原则：冬季保温，夏季散热。
2. 尽量缩短运送饭菜的时间，以确保饭菜的清洁和保温。
3. 冬季应给盛饭、菜、汤的容器加盖，以达到保温的目的。
4. 夏季应给饭菜加盖网罩，以防苍蝇或飞絮的污染。
5. 夏季若饭菜过热，需将饭菜端至电风扇附近，以便迅速地散热、降温。

三、注意事项

1. 饭菜应放在婴幼儿的活动区域外、婴幼儿不易够到的地方，避免打翻、碰撒饭菜，甚至烫伤婴幼儿。

2. 盛饭菜的容器盖子或罩子要关闭严密。

第二单元　分发餐具

一、学习目标

能够按照婴幼儿的年龄特点、能力及教育的要求分发餐具。

二、工作程序

1. 分发餐具的原则

餐具的分发应与婴幼儿的年龄特点、自我服务的能力以及幼儿园教育的要求相一致。

2. 分发程序

（1）保育员分发餐具前应先洗手。

（2）婴儿班和幼儿阶段小班应由保育员分发餐具，中班、大班可由值日生分发餐具。

（3）分发的餐具主要有勺子、盘子和碗。给婴儿班分发的餐具应是型号最小的勺子和碗。幼儿阶段的餐具应略大些，中班后期和大班阶段应根据孩子的特点和教育的要求，为他们分发筷子。

（4）保育员应指导中班、大班幼儿分发餐具，并在大班阶段与教育内容相配合，组织幼儿分发餐具。

（5）分发餐具的方法：将碗摆放在正对着椅子的位置，盘子放在碗的前面，勺子或筷子应放在盘子上。分发勺子和筷子时，手应抓捏在勺柄处或筷子的尾端，并将它们摆放整齐。

三、注意事项

1. 在分发餐具的过程中，若餐具落地，应立即更换。
2. 餐具分发的时间应该在餐前 20 ~ 30 min，不可过早发放，以免餐具被污染。

第三单元　分发饭菜

一、学习目标

能够根据婴幼儿的个体差异，分发、添加饭菜。

二、工作程序

1. 分发饭菜的原则

公平对待，少盛多添。饭菜要分别装在碗和盘中，应先盛饭菜，吃完后再盛汤。

2. 分发饭菜的准备

准备盛饭勺、盛菜勺各一把，准备婴幼儿的餐具。

3. 盛饭顺序

（1）按照婴幼儿的平均摄食量，发给每个孩子同等量的主食。

（2）分发汤菜前，应用菜勺搅拌，使之混合均匀。

（3）均匀、齐全地为孩子盛入各种配菜，尽量避免单一摄食。

4. 个别照顾

根据孩子的身体状况添加饭菜。保育员应控制肥胖孩子的摄食量；对营养不良、食欲差的体弱儿，应耐心照顾，允许孩子少量进餐，并循序渐进地增加膳食量。

5. 指导独自盛饭菜

大班后期要允许幼儿自己盛饭菜，但保育员应给予帮助指导。

三、注意事项

1. 杜绝把汤、菜同时盛在一个碗里。
2. 给每个孩子的菜量应该相同，盛菜应尽量多盛固体菜品。
3. 及时添加饭菜。
4. 根据每个孩子当天的食量添加饭菜。
5. 如果饭菜过热，应提醒婴幼儿用嘴吹凉后再吃。

第四单元　营造进餐环境

一、学习目标

能够为婴幼儿营造适宜的进餐环境。

二、工作程序

进餐环境包括进餐的物质环境和精神环境。进餐的物质环境是指卫生情况、家具、餐具的准备等；精神环境是指保育员的态度等。

1. 物质环境

（1）餐室清洁、明亮，餐桌、餐椅高矮适中、清洁、位置固定。

（2）餐室没有闲杂的陌生人。

（3）餐具清洁、大小适中。

（4）饭菜香气扑鼻，且营养全面。

2. 精神环境

（1）保持餐室内安静，或轻声地播放轻松的音乐。

（2）保育员应态度和蔼、亲切，周到地照顾婴幼儿进餐。

（3）不转移孩子进餐的注意力，避免减少孩子食欲。

（4）不催促孩子进餐。

（5）不批评孩子，不利用进餐时间解决其他问题。

（6）不引起孩子过度兴奋。保育员不宜在婴幼儿进餐时讲故事、大声聊天，或允许婴幼儿在进餐时大声交谈。

三、注意事项

1. 尽量避免婴幼儿说笑打闹，以防止异物进入呼吸道。

2. 及时解决进餐中出现的意外情况，如呕吐、打翻饭碗、牙疼、肚子疼、哭泣等。

3. 保育员应仔细观察每一个孩子的进餐行为，观察其进餐情绪、进餐速度、进餐量以及对食物的偏好，发现问题及时处理。例如，当发现孩子进餐时情绪低落、食欲较差时，应检查和询问其是否发烧，有无牙疼、嗓子疼、肚子疼等情况。对于挑食的孩子应进行耐心的引导，可让其少量尝试该种食物。当吃带骨、带刺的食物时，更应注意密切观察，进行必要的指导，若发现骨、刺卡入孩子喉咙，应迅速作出处理。婴幼儿进餐时还容易出现咬破舌头、咬破嘴唇、掉门牙、打翻饭碗等现象，保育员应耐心细致地帮助解决。

四、相关知识

1. 愉快进餐的条件

（1）餐室的准备

餐室清洁、明亮，餐桌、餐椅清洁、摆放整齐，餐具摆放得当。

（2）饮食的准备

饭菜色、香、味俱全。

（3）精神准备

1）保育员不在进餐中批评孩子。

2）不催促孩子进餐，不让孩子比赛进餐。

3）不分散孩子进餐的注意力，不大声说话、不在孩子进餐时讲故事。

4）及时解决孩子进餐中出现的问题。

2. 婴幼儿进餐中呕吐的处理

见“国家职业技能等级认定培训教材——合编版”《保育员（基础知识）》中的消化系统部分。

第三节　饮水管理

第一单元　准备饮用水

一、学习目标

能够清洁水桶，并更换当日的饮用水。

二、工作程序

1. 清洗饮水桶

（1）倒掉前一天的剩水。

（2）每天用洗涤剂清洗水桶，定期用消毒剂消毒，做到里外都洗净。

（3）用清水将水桶的里外漂洗干净。

（4）每天用消毒剂擦拭水龙头和出水口，保证饮水桶清洁、无死角。

2. 打水

（1）幼儿园饮水的准备

幼儿园应在当天为全体婴幼儿准备温度适宜的温开水，做到随用随供应。应根据天气情况做好降温和保温工作，使水的温度适于婴幼儿饮用。

（2）控制水温

保育员应能够根据天气情况做好饮用水水温的控制。天气寒冷的季节，应在饮水桶的外面罩上一个保温套，以确保饮用水温热、不冰凉；天气炎热的季节，应尽早打水，使水降温，以确保婴幼儿喝到足够的凉开水。

（3）防止污染

盖好饮水桶的盖子，避免饮用水被污染。

三、注意事项

1. 开水不进教室。
2. 在孩子喝水前应先空放一两杯饮用水，并将其丢弃。
3. 应注意补充饮用水时的安全，避免碰撞、绊倒或烫伤婴幼儿。

四、相关知识

1. 水对婴幼儿健康的作用

水对人体的作用十分重要，人若缺水 6 天以上将失去生命，婴幼儿也不例外。水不仅是构成人体组织细胞的重要成分，还是机体物质代谢不可缺少的溶剂，机体所有的化学变化都是在水的参与下进行的。水还起着运输养料、代谢废物的作用，在水的参与下，血液能够给机体运送营养物质，并把代谢的废物排出体外。水在体内起着润滑剂的作用，它能保持眼球的湿润和关节的灵活运动。水还能通过血液循环调节人的体温。

2. 婴幼儿对水的需要量

婴幼儿对水的需要量主要取决于其活动量的大小、外界的气温、食物的质与量等。通常，气温越高、活动量越大，婴幼儿出汗就会越多，对水的需要量就会增加；其摄入的蛋白质、无机盐越多，在排泄这些物质时需要的水就越多，因此婴幼儿对水的需要量也会增大。

此外，不同年龄的婴幼儿对水的需要量也有所不同：1 岁以内的婴儿每日每千克体重应摄取 120 ~ 160 mL 的水；2 ~ 3 岁的婴儿每日每千克体重应摄取 100 ~ 140 mL 的水；4 ~ 6 岁的幼儿每日每千克体重应摄入 90 ~ 110 mL 的水。

婴幼儿的饮水量应充足，尤其是大量出汗、腹泻、呕吐以后，由于机体丢失大量的水分，因此应及时补充水分，以防脱水。

第二单元　组织饮水和培养良好的饮水习惯

一、学习目标

能够组织不同年龄的婴幼儿饮水，能够培养婴幼儿良好的饮水习惯。

二、工作程序

1. 组织饮水

（1）准备

保育员应为婴幼儿准备清洁、温度适宜的饮用水及经消毒过的水杯。

（2）对 3 岁以下婴儿的照顾

1）保育员应将温度和水量适中的饮用水倒入孩子的杯子中，放置在其面前。

2）嘱咐孩子轻轻端起水杯，缓慢地倾斜水杯，一口一口地将水喝下。

3）帮助或提醒孩子将嘴擦干净。

（3）组织 3 岁以上的幼儿饮水

1）基本要求。3 岁以上的幼儿可独自接水、喝水。

2）具体操作要求

①喝水前应先洗手，然后去拿自己的杯子。

②接半杯水，喝完再接。接水后，端水杯回自己的座位，坐下安静地喝水。喝完可再接。

③开始喝水时要小口尝试，避免烫嘴。若水较烫，应等晾凉后再喝。

④喝完水后将杯子放回原处。

⑤喝水时，保育员应提醒不要说笑，以防止呛咳。

2. 培养良好的饮水习惯

（1）培养婴幼儿喝白开水的习惯

幼儿园应保证白开水的供应，保育员要及时提醒婴幼儿喝水，培养他们喝白开水的习惯。对于不习惯喝白开水的孩子，应由少到多逐渐增加饮水量。同时，保育员应通过多种形式使孩子明白喝白开水对身体的好处。

（2）培养婴幼儿主动饮水的习惯

保育员应按时提醒婴幼儿喝水，每次尽可能喝足量，还应帮助他们养成渴了主动饮水的好习惯。要注意区别对待，对不爱喝水的孩子应格外注意引导他们饮水；对体质差、患病初愈、经常上火、嗓子肿痛的孩子，应提醒他们多饮水。

（3）培养婴幼儿形成慢喝水的习惯

要避免婴幼儿在极度口渴的情况下暴饮，培养婴幼儿形成慢喝水的习惯。

（4）培养婴幼儿能自己补充饮水

指导较大的孩子能够根据当天的活动量和出汗量等，补充自己的饮水量。

三、注意事项

1. 婴幼儿应坐在自己的座位上喝水，以避免泼洒。
2. 保育员应注意及时提醒婴幼儿饮水。
3. 保育员应注意控制婴幼儿剧烈运动后的饮水量。婴幼儿剧烈运动后不应喝大量的水，只可少量饮水，以湿润干渴的嗓子。因为此时大量饮水会突然增加回心血量，加重心脏的负担，不利于身体的健康。
4. 保育员应提醒婴幼儿注意喝水的速度不能太快。

第四节　盥洗和如厕照护

第一单元　准 备 毛 巾

一、学习目标

能够为婴幼儿准备消毒毛巾。

二、工作程序

1. 清洗毛巾

用洗涤剂或洗衣粉清洗毛巾、清除污物。

2. 消毒毛巾

用 84 消毒液或蒸汽法进行消毒。

3. 晾晒毛巾

将毛巾挂在阳光充足、通风处晾晒。

4. 挂放毛巾

毛巾挂放的间距以相互间无重叠为宜。

第二单元　照顾婴幼儿的盥洗

一、学习目标

能够照顾婴幼儿洗手、洗脸、洗脚、洗臀部等。

二、工作程序

保育员应能够帮助婴儿和较小的幼儿清洗身体，清洗的程序如下：

1. 保育员先将自己的手清洗干净。
2. 用湿毛巾或清水将孩子的手、脸、脚或臀部打湿。
3. 保育员将肥皂抹在手上，搓出泡沫。
4. 用涂有肥皂的手清洗孩子的手、脸、脚或臀部。
5. 用清洁的、湿度大的毛巾将肥皂泡沫擦干净，漂洗毛巾，重复擦若干次，直至彻底洗净。

三、注意事项

1. 帮助孩子洗手时，保育员应先将袖子挽起，避免打湿衣袖。
2. 洗脸时应让孩子闭眼，避免肥皂液入眼。

3. 清洗身体时应注意全面清洗，在身体褶皱处不留死角。
4. 清洗臀部应注意从前向后擦洗，并避免打湿裤子。
5. 清洗完毕，应帮助孩子穿好衣裤和鞋袜。

第三单元　照顾婴幼儿的大小便

一、学习目标

能够做好婴幼儿大小便的照顾和清洁工作。

二、工作程序

1. 准备工作

（1）清洁、不冰凉的便盆。
（2）温暖、安静、无异味的排便环境。
（3）清洁的卫生纸。

2. 注意观察

及时发现婴幼儿大、小便的预兆，及时提醒或抱其坐盆排便。

婴幼儿在排大便前，常排出有臭味的气体，同时伴有身体用力的动作和发出使劲的声音，保育员应及时将其放在便盆上。婴幼儿排小便前也会出现如打冷战等反应，保育员对这些信号应十分敏感，及时帮助孩子脱掉裤子，坐盆排尿。

3. 督促婴幼儿专心排便

应避免婴幼儿在排大便时吃东西、看书、听故事或玩耍。排便是一种条件反射，需要专心致志地完成。如果孩子在排便时吃东西或玩耍，便会分散他的注意力，不利于排便反射的建立，而且，较长时间地坐盆还会造成肛门脱出和腿部、臀部的疲劳麻木，不利于其身体健康。

4. 掌握婴幼儿每次排便的时间

通常以 5 ~ 10 min 为宜，时间不可过长。

5. 及时为婴幼儿擦臀部

婴幼儿大、小便结束后，应及时为他们擦拭干净。擦拭的方法是从前向后擦。女孩小便后也应擦拭。保育员擦拭的动作应轻柔，且擦一次换一张纸。

6. 及时表扬孩子

不论孩子是否成功排便，都应予以表扬或鼓励。

7. 做好收尾工作

（1）及时为孩子穿上裤子。

（2）冲厕、洗手。保育员在照顾婴幼儿大、小便后应冲厕、洗手，同时，应督促独自大、小便的幼儿在便后冲厕、洗手。

三、相关知识

1. 洗手的准备

保持盥洗室地面清洁干爽，防止婴幼儿滑倒。将水池前的地面铺上渗水地垫，同时，如果水池高度超过婴幼儿的肘关节，应将水池前的地面垫高，防止洗手时水灌入孩子的袖口。准备若干块肥皂（数量与水龙头数相同）。为每个孩子准备一条小方毛巾，并挂在固定的地方。

2. 指导婴幼儿洗手

盥洗行为十分细致琐碎，婴幼儿掌握各种盥洗技能十分不容易，在每次盥洗中都可能会出现意想不到的事情。保育员需要掌握这些特点，在婴幼儿出现盥洗困难或敷衍时，应给予帮助和提醒。婴幼儿洗手时，应使用流动水。

洗手时，要求并指导孩子双手略向下，避免水顺着手臂倒流弄湿衣袖；应轻轻拧开水龙头，水流不能太大；将手心、手背、手腕浸湿，然后打肥皂，最好搓出泡沫，使手心、手背、手指缝都能被肥皂液洗到；用清水将手冲洗干净，关好水龙头；用毛巾擦干手。冬天洗手后应擦润肤油。同时，保育员还要告诉孩子认真洗手，不玩水、不敷衍。

第五节　睡眠照护

第一单元　创设良好的睡眠环境

一、学习目标

能够为婴幼儿提供安静的睡眠环境。

二、工作程序

为了提高婴幼儿的睡眠质量，需要为婴幼儿提供良好的睡眠条件。

1. 睡眠环境方面的准备

（1）开窗通风。应根据气温决定寝室开窗的时间，确保寝室空气新鲜。

（2）通过各种手段调节室内的温度和湿度。如窗户的开关，加湿器、空调、电风扇、空气净化器的使用等。

（3）拉上窗帘，使室内光线幽暗。

（4）准备温暖、舒适的寝具。

（5）保证睡眠时间周围环境安静、无噪声。

2. 活动安排方面的准备

（1）睡眠前可组织孩子进行一些安静的活动，如户外散步、桌面游戏等。

（2）提醒孩子排尿。

（3）检查孩子的衣袋，防止孩子将小物品带到床上玩要。

3. 婴幼儿心理方面的准备

（1）睡前，保育员应注意保持孩子愉快轻松的情绪，使孩子在良好的精神状态中安然入睡。

（2）保育员不应在睡前批评或恐吓孩子，也不得给孩子讲刺激性强的、容易引起兴奋的故事。

4. 对个别孩子进行指导

婴幼儿的睡眠同其他活动一样，存在着个体差异，需要保育员区别对待。例如，对于需要睡觉时间较长、脱衣动作较慢、年龄较小的孩子及体弱儿，应让他们提前进入寝室睡觉；对那些精力旺盛、体质较好、不喜欢睡觉或上床后爱与他人逗玩的孩子，可将他们分成几组依次上床睡觉，既便于保育员实施管理，也能满足不同孩子的睡眠需要。

三、注意事项

1. 保育员应用自己的行为、语言为婴幼儿的睡眠创造一个适宜的气氛。组织婴幼儿睡眠前的声音、动作应轻柔，避免大呼小叫、四处碰撞，致使孩子们过度兴奋，从而影响他们睡眠的欲望。

2. 保育员应控制婴幼儿午餐的喝汤量，避免午睡时反复上厕所，从而影响睡眠。

3. 保育员应根据气温、饮食等情况，灵活掌握婴幼儿睡眠中如厕的次数。

第二单元　培养婴幼儿正确的睡眠姿势

一、学习目标

能够发现和纠正婴幼儿不良的睡眠姿势。

二、工作程序

1. 保育员应牢记正确的睡眠姿势。婴幼儿可仰卧也可右侧卧，保持身体自然弯曲，被子应盖在脖子的下面。

2. 认真观察，及时发现孩子的不良睡眠姿势。婴幼儿常见的不良姿势有跪睡、缩成一团睡、蒙头睡。

3. 及时纠正不良的睡眠姿势。保育员可以通过严格的睡前检查、设置障碍、随时检查、及时纠正等方法，帮助婴幼儿形成良好的睡眠姿势。

三、注意事项

1. 婴幼儿睡眠姿势异常预示着其生理和行为的异常。如蒙头睡觉常常预示有以下问题：玩私藏的小玩具，拆衣服或棉被，挖鼻孔，将小物件塞入鼻孔或耳道，玩弄生殖器；缩成一团睡觉，很可能是孩子尿床或感冒发烧。

2. 保育员在纠正孩子的不良睡姿时，应做到动作轻柔，以免弄醒孩子。

第三单元　处理婴幼儿的遗尿问题

一、学习目标

能够正确处理婴幼儿的遗尿问题。

二、工作程序

1. 准备工作

（1）要做好充分的物质准备

与有遗尿习惯的孩子家长取得联系，要求家长带来备用的衣裤和被褥。

（2）应熟悉本班孩子的睡眠情况

了解遗尿孩子的名单和他们遗尿的特点，包括在什么天气遗尿、喝多少水遗尿、遗尿的具体时间、每天遗尿的次数、遗尿前的表现等。

2. 定时唤醒，及时处理

根据孩子遗尿的特点定时唤醒他们排尿。对已经尿床的孩子，保育员应做到以下几点：

（1）帮助孩子换下尿湿的衣服。

（2）迅速更换尿湿的被褥。

（3）唤醒孩子排尿。

（4）安抚孩子继续入睡。

3. 及时晾晒和清洗

全体婴幼儿起床后，保育员应及时晾晒尿湿的被褥，清洗尿湿的衣物。

三、注意事项

1. 保育员唤醒婴幼儿排尿的声音要轻柔，应避免大声吵闹，以防影响其他孩子的睡眠。同时，应尽量不引起未睡孩子的关注，保护遗尿孩子的自尊心。

2. 保育员处理婴幼儿遗尿的态度要亲切、和蔼，不应表现出不耐烦、气愤、鄙视的神情，更不应大声批评。

3. 保育员更换被褥和帮助孩子换掉湿衣物的速度要快，避免孩子着凉。

第四单元　指导穿脱衣服与整理床铺

一、学习目标

能够帮助、指导婴幼儿穿脱衣服和整理床铺。

二、工作程序

保育员在照护婴幼儿睡眠的环节中，还包括帮助和指导婴幼儿穿脱衣服、晾被、叠被及整理床铺。

1. 指导婴幼儿穿脱衣服

（1）指导 4 岁以上的幼儿穿脱上衣

1）穿开襟衣服

①分辨衣服的里外和前后。

②双手抓住衣领向后甩，将衣服披在肩头。

③用手捏住内衣袖子，穿外衣袖子。

④翻好衣领，将衣服的前襟对齐。

⑤系扣子、拉拉链，可自下而上地进行。

⑥认真检查扣子是否一对一地系好，领子是否翻好了、是否平展。

2）穿套头衣服

①将头钻入领口。

②将衣服正面转到胸前。

③找到两只袖子，并一一穿上。

穿套头衣服的关键是要找到正面、领子和袖子，保育员应帮助幼儿在衣服的正面做记号，以便于幼儿辨认。

3）脱上衣

①脱开襟上衣时，应先将扣子解开、拉链拉开，然后从背后逐一拉掉两只袖子。较小的孩子在解开扣子、拉开拉链后，可由保育员帮其将袖子脱下。

②脱套头上衣时，应先将两只袖子脱掉，再钻脱领口。

（2）指导幼儿穿裤子

1）辨别前后。为了教孩子分辨裤子的前后，保育员应告诉家长在孩子裤子的前片绣花、绣名字、缝兜或在膝盖处绣上明显的记号。

2）双手提好裤腰。

3）先伸一条腿，再进另一条腿。

4）提裤子。

5）将内衣塞进裤子里。

（3）指导幼儿穿袜子

1）分辨袜子的不同部位，如袜尖、袜底、袜跟、袜筒。

2）手持袜筒，将袜底放在下面，袜尖朝前。

3）两手将袜筒推叠到袜后跟，再往脚上穿，先穿脚尖，再穿脚跟，最后提袜筒。

（4）指导幼儿穿鞋

1）分辨左、右鞋，并将其放正。

2）两脚分别穿上鞋，用手提鞋跟。

3）系鞋扣或鞋带。

2. 指导婴幼儿晾被

（1）晾被、叠被的要求。经过一夜的睡眠或午睡后，被子需要通风换气，幼儿园可组织婴幼儿在起床后至穿戴整齐的这一段时间晾被。各年龄班的婴幼儿都应学会晾被。

（2）指导婴幼儿将被头翻向脚下床栏杆上，使被里朝上。

（3）将被子的另一端拉至枕边。

（4）将被子抻平铺挂在床上、床栏杆上。

3. 指导幼儿叠被

中、大班的幼儿除学会晾被外，还应学会叠被。叠被的具体操作步骤如下：

（1）幼儿站在床侧。

（2）折长边：将被子靠近自己的一端向中间折，再折另一端。折好的被子宽度应以床栏杆或画出的记号相一致。

（3）折两端：将折好的长条形被子的两端向中间对折，再对折，叠出豆腐块形的被子。

4. 指导婴幼儿铺平床单和枕巾

在完成以上步骤后，还应将床单和枕巾铺平。

三、注意事项

1. 要鼓励和帮助婴幼儿学习穿脱衣服的方法。对于年龄较小、能力较差的孩子，保育员应在其出现困难处给予帮助。

2. 保育员应督促婴幼儿抓紧时间穿脱衣服，防止他们边穿脱边玩，以避免感冒。

3. 保育员应做好婴幼儿穿脱衣服的检查工作，并要教会较大的幼儿进行自我检查。

4. 冬季应注意婴幼儿穿裤子出现的问题，防止孩子将腿伸进外裤和棉裤 / 毛裤的中间。注意指导婴幼儿要将内衣塞入裤子内，防止肚子受凉。同时应注意检查男孩有无将裤子前后穿反。

5. 婴幼儿常会将袜跟穿到脚面上，应及时加以纠正。

6. 教会婴幼儿将袜筒包住衬裤的裤脚，防止穿外裤时衬裤上撸，致裤内形成空筒，影响保暖。

7. 在婴幼儿活动时，保育员应注意观察其鞋扣和鞋带，发现鞋扣或鞋带松开应及时帮助或提醒他们系好。

8. 在秋冬较寒冷的季节，婴幼儿穿衣时应尽量减少胸部暴露在外的时间，以免着凉。要告诉孩子，穿衣服时应先将毛衣或棉衣穿上，再穿袜子和裤子等，脱衣服时应最后脱毛衣或棉衣。

第六节　物品与设备管理

第一单元　物 品 管 理

一、学习目标

能够管理本班的物品。

二、工作程序

本班物品的管理，包括对玩具、教具、图书、用具、餐具、家具和婴幼儿的被褥、衣物等的管理。

1. 基本要求

保育员应做到每件物品来路明、消路清、不丢失。

2. 做好记录

做好玩具、教具、用具、家具等耐用物品及婴幼儿在园物品的记录工作，见表 2–2、表 2–3。

3. 定期将实物与记录进行核对

出现不符及时查找。定期检查以上物品的质量，若出现损坏应及时更换，并做坏损登记。如有借出，应及时登记并索还。

表 2-2　耐用物品登记表

物品名称	数量	颜色	质量	检查日期
桌椅	30	黄	完好	12 月 15 日
教具	2	绿	完好	12 月 13 日
……				

表 2-3　婴幼儿在园物品登记表

姓名	物品名称	数量	质量	带来时间	带走时间
王红	玻璃珠	5	完好	12 月 23 日	12 月 23 日
张萧	书	2	完好	12 月 25 日	1 月 10 日
……					

4. 衣物、被褥、寝具的管理

（1）保育员应熟知每个孩子的物品，并做到心中有数。

（2）每个孩子的服装都要做标记，并且和衣橱上的标记相一致。

（3）帮助每个孩子将脱下的衣服放到固定的地方，并叠放整齐。

（4）对于经常换洗的衣服、床单、枕巾、枕套，可以一套一套地叠起来，并分类放在固定的地方，需要更换时，按次序分类进行，这样可以节约时间，方便使用。需要换洗的或请家长带走的衣服、被褥，应清点有数。收回时要折叠好，检查有无增减变化。如果物品少了要及时寻找，多出的物品要存放到固定的地方，以便物归原主。

（5）应经常检查孩子的衣服是否有破损或掉纽扣的现象，并及时修补或请家长帮忙解决。

（6）为每个孩子制作一个储物袋，把来回带的东西放在袋里，以免丢失。

5. 玩具、教具的管理

（1）玩具应摆放整齐，认真检查，定期清理，经常消毒。

（2）班级经常使用的教具（自制）应按主题活动或学科进行分类编号，并放在分类柜中固定的位置，以便于拿取和归位。分类柜应贴上编号和教具的名称，以便于寻找。

6. 图书的管理

（1）分类登记书籍的名称。

（2）保持书架清洁，书籍摆放整齐、有序，使孩子一目了然。

（3）帮助孩子收拾整理图书。

第二单元　设施设备维护保养

一、学习目标

能够做好本班设施设备的维护保养工作。

二、工作程序

班内设施设备有墙面、地板、天花板、屋顶、门窗、供暖设备、上下水管道、家具等。

1. 日常工作中应注意对室内设施设备的爱护和保养。
2. 根据幼儿园的维修计划，配合幼儿园对室内设施设备进行常规的维修。
3. 及时发现室内设施设备的异常情况。
4. 及时报修坏损的设施设备。

第三章

配合教育活动

第一节　配合室内教育活动

幼儿园大部分的教育活动都是在室内进行的，因此，保育员与教师共同配合，搞好室内活动对学前儿童获得愉快、全面、和谐、健康的发展，将起至关重要的作用。

第一单元　保育工作的记录

一、学习目标

1. 了解做好保育工作记录的意义。
2. 掌握保育工作记录的类型和记录的步骤。
3. 明确做好保育工作记录应注意的问题。

二、工作程序

1. 保育工作记录的主要内容

（1）全班孩子的活动情况

主要记录孩子活动的分组情况；孩子在活动中的身体、情绪及参与活动的情况；

孩子的交往情况及其在活动中发生的各种逸事等。

（2）个别孩子的情况

主要记录体弱儿的身体和活动情况，以及个别需要帮助的孩子的情况。

（3）设备、材料及物品的使用情况

主要记录本班设备、材料、物品的使用情况和外借的设备、材料、物品的使用情况；下一次活动需要继续保留的设备、材料及物品的情况；需要维修和更换的设备情况等。

2. 工作内容

（1）根据不同的目的准备好记录的表格

设计表格时，要考虑记录的目的和内容不要过于烦琐，应该以记录方便、省时、省力为目的。常用的记录表格有保育员在配合教育活动中的保育工作记录表，见表 3–1。

表 3–1　保育员在配合教育活动中的保育工作记录表

班级		活动时间		教师		保育员	
活动名称							
全班孩子活动情况							
个别孩子活动情况	体弱儿情况		其他个别孩子的情况				
设备、材料及物品的使用情况							
备注							

（2）如实地、有针对性地做好保育工作记录

活动前，保育员要了解本班活动的目标和教育要求，根据教师的要求如实地、有针对性地做好活动记录。

三、注意事项

1. 记录应客观、真实地反映儿童活动的本来面目

对孩子的活动情况，保育员要如实地记录下来，而不能作主观的判断。即保育员

在做记录时应该客观描述孩子的行为表现，而不是主观解释孩子的行为表现。例如，记录个别孩子在游戏中的表现时，客观描述孩子行为的记录是："他皱着眉，拿起了一个玩具，看了看就放下了，又拿起另一件玩具，看了看又放下了。5 min 内他换了 3 件玩具。"在记录中作出了主观判断的记录是："他不喜欢这个玩具，也不喜欢那个玩具，班里可能没有他喜欢的玩具。"

2. 记录要及时准确

配合教育活动时，保育员要养成随时记录的习惯，及时地把孩子的活动情况记录下来，以便活动结束后与教师共同分析孩子的表现，从而制定出更符合儿童实际的教育目标和活动内容。如果在活动中不方便马上记录，在活动结束后也要立即补记，以免时间长了有些情况出现混淆或遗忘。

第二单元　活动前的准备和活动后的整理工作

一、学习目标

1. 了解做好活动前的准备和活动后的整理工作的意义。
2. 掌握活动前的准备和活动后的整理工作的内容、方法和程序。
3. 明确做好活动前准备与活动后整理工作应注意的问题。

二、工作程序

1. 室内教育活动前的准备工作

（1）每周伊始，保育员都要了解本周的周教育目标及每日教育活动的目标，根据目标的要求做好前期准备，如材料的领取、废旧材料的收集、有关设备和设施的检查等。

（2）根据每项教育活动的不同要求，与教师和孩子共同设计、布置活动的场地，摆放设备和桌椅，做好教具、工具、材料、物品、图片、手工制作必需品等各方面的准备。

（3）布置好场地后，根据活动的需要和教师的要求，把教具和物质材料等摆放到指定的位置上。

（4）与教师共同做好室内教育活动前的精神准备。活动前，保育员应根据教育目标协助教师启发孩子对将要进行的活动进行思考，协助教师稳定孩子的情绪，照顾个别孩子和体弱儿，与教师共同创设一个和谐、宽松的活动氛围。

2. 室内教育活动后的收拾整理工作

（1）在教师发出活动结束的指令后，保育员要与孩子们和教师共同对活动的场地、设备、活动中使用的工具及材料等进行初步的收拾整理。如指导孩子们把用过的东西放回原处，把活动场地中的废弃物和垃圾扔到垃圾桶里等。

（2）保育员在指导孩子们收拾整理活动结束后，还应根据情况做进一步的收拾与整理，清点和检查设备、材料的情况，保证设备、教具和工具、物品能够还原成使用前的样子，以便下次使用。

（3）及时把孩子们在活动中的作品及其他有保留价值的物品（如绘画和手工作品等）进行归类、整理，标上日期收到档案盒中，以便日后查阅。

（4）做好活动场地的清洁卫生工作。如在手工活动中，孩子们可能会使用胶水、碎纸、小木棍儿、棉签、废纸盒等材料，保育员在做收拾、整理工作时要把这些废弃材料清理干净，并及时开窗通风，保证室内场地、设备的清洁卫生。

三、注意事项

1. 充分重视活动准备工作和活动后收拾整理工作对婴幼儿发展的重大意义。《幼儿园工作规程》指出，在幼儿园教育中，一日生活的各个环节都是教育的过程。因此，保育员在进行活动前的准备和活动后的收拾整理工作时，要有强烈的目标意识，不能把它仅仅当成是劳动的过程，而应该把它看成是培养儿童良好的生活、卫生习惯的好机会，重视其中的教育价值。保育员应正确处理好自己劳动和指导婴幼儿的关系。

2. 对孩子们的作品要妥善保存，帮助每个孩子整理好作品档案是保育员应尽的职责。

3. 每次使用电教设备时，活动前后都要仔细检查，发现问题须及时解决。

四、相关知识

幼儿园各种教育活动常用的设备和材料，主要有以下几类。

1. 音乐活动的设备和材料

各种小乐器（如铃鼓、三角铁、撞铃、木鱼儿、响板、腰鼓等），儿童表演服装，电教设备（如录音机、放像机、计算机、电视机等），手风琴、钢琴和其他材料。

2. 探索活动的材料

各种材料（如小铁块、小木块、废瓶子、核桃壳、沙子、水等），各种容器（如量瓶、烧杯、托盘、水盆等），各种工具（如小勺、小旋具、小钳子、漏斗等），一些电器用品（如电池、手电等），各种拼图、拼板，供孩子们记录的纸和笔等。

3. 美工活动的材料

笔（如铅笔、粉笔、水笔、蜡笔、毛笔等）、刷子、笔洗、画板，各种颜料、盛颜料的容器，纸（不同尺寸、不同颜色、不同质地的纸），工具（如剪刀、胶棒、棉签、抹布等），材料（如废纸板、小塑料瓶、毛线头、布头、木块等）。

4. 游戏活动的材料

象征性游戏的玩具材料（如各种娃娃、玩具、家具、厨具、交通工具、医院用品、商店用品、儿童服装等），建构游戏玩具材料（如各种积木、积塑、积铁、橡皮泥、各种木条、木块等）。

5. 语言活动的材料

各种图书、图片、照片，以及磁盘、移动硬盘等。

此外，还有集中教育活动所需的各种挂图、直观教具、电教设备、自制教具、废旧材料等。

第三单元　纠正婴幼儿的不良姿势

一、学习目标

1. 了解保持良好姿势对婴幼儿身心发展的重大意义。
2. 掌握纠正婴幼儿常见不良姿势的步骤与方法。
3. 明确在纠正婴幼儿常见不良姿势时应注意的问题。

二、工作程序

1. 认真观察及时发现

在各项活动和日常生活中认真观察婴幼儿的表现，及时发现婴幼儿的不正确姿势。例如，多数婴幼儿在画画时喜欢把头低得很低，保育员要注意观察，发现后应及时提醒他们注意写字的姿势。对个别“屡教不改”者，保育员应进行个别教育，并注意在日常生活中督促检查，帮助孩子克服这种不良的姿势。

2. 及时纠正

针对各种不同的情况，可采取集体提醒、个别辅导的方式纠正婴幼儿不正确的姿势。纠正的步骤如下：

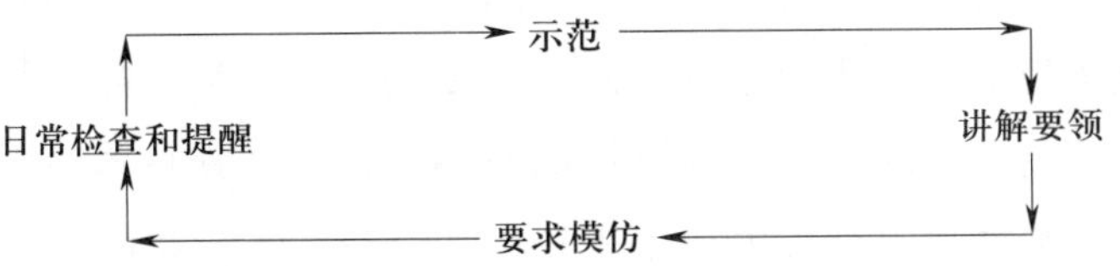

（1）示范

当孩子做出不良的姿势时，不应只是说某某写字头太低了，而应具体告诉他们正确的写字姿势应该是什么样的，并做出正确的示范。

（2）讲解要领

讲解要领就是把正确姿势的完成过程和步骤向孩子讲清楚，这需与上述的示范动作结合在一起进行。

（3）要求模仿

让孩子模仿保育员的正确姿势去做。

（4）日常检查和提醒

在平时的生活和活动中，保育员要注意观察婴幼儿的行为表现，发现不良的姿势须及时提醒和检查，帮助孩子克服这一毛病。

3. 注重表扬与鼓励

当孩子能够坚持采用正确的姿势时，保育员要及时给予表扬和鼓励，使之形成习惯。

三、注意事项

1. 由于婴幼儿不正确姿势的形成是长期积累的结果，因此，保育员平时的观察、督促、提醒就显得尤为重要。在一日生活中，保育员要注意观察孩子的表现，对其不正确的姿势要做到及时发现，及时纠正。

2. 在纠正婴幼儿不正确姿势时，要掌握教育的技巧。不能总是盯着孩子不正确的姿势，也要善于发现孩子出现的正确姿势，并及时给予表扬，使其能够经常得到正面的强化，也使其不正确的姿势慢慢得到抑制。

3. 婴幼儿期的孩子模仿性很强，其不正确的姿势有很多是通过模仿形成的。因此，成人平时的做、卧、行、走都应保持正确的姿势，给孩子树立良好的模仿榜样。

四、相关知识

身体在坐、站、走、跑、卧时的习惯状态称为姿势，从小使婴幼儿养成良好的姿势，对其身心健康发展具有十分重要的意义。婴幼儿阶段是骨骼、肌肉及身体各器官和系统生长、发育的关键时期，身体姿势的正确与否，对其身体的正常生长发育会产生极大的影响。如果在这一阶段养成了不正确的姿势，不仅影响体态的美观，更会直接影响身体的健康。例如，如果儿童经常歪斜着坐，久而久之就会成习惯，进而影响脊柱的正常生长、发育，造成脊柱侧弯，给其终身的发展造成极大的伤害。

正确的姿势不是天生的，而是在整个学前阶段形成的。保育员对此应该高度重视，在日常生活和活动中给婴幼儿以良好的影响，并随时提醒孩子保持正确的姿势，及时纠正孩子的不良姿势，保证其身心的健康发展。

1. 婴幼儿正确的姿势

（1）婴幼儿正确的坐姿

头端正，脚放平，身体直立、稳定不乱晃。

（2）婴幼儿正确的站姿

两肩保持水平，双臂自然下垂，上体保持正直，两脚自然分开，整个身体挺拔、向上。

（3）婴幼儿正确的走姿

上体正直，双手在行进过程中自然摆动，上、下肢动作协调，步伐均匀，有精神。

（4）婴幼儿正确的跑姿

上体稍向前倾，两手握拳，屈肘在体侧，能随身体的运动自然地前后摆动，跑步时用前脚掌着地，步伐均匀。

（5）婴幼儿正确的读写姿势

端坐于桌前，身体离桌子一拳远，眼睛离书本一尺远，书写时一只手握在离笔端半寸左右的距离上，另一只手自然地扶着书本。

（6）婴幼儿正确的卧姿

婴幼儿正确的卧姿是平卧或右侧卧。

2. 婴幼儿不正确的姿势

（1）婴幼儿不正确的坐姿

不正确的坐姿主要有歪斜坐、躺坐，坐在座位上抖腿或跷二郎腿、趴着坐等。

（2）婴幼儿不正确的站姿

不正确的站姿主要有站立时两肩歪斜，头不正，腰不直，胯松懈，抖腿，两脚不能放正等。

（3）婴幼儿不正确的走跑姿势

不正确的走跑姿势主要是走路或跑步时双脚呈内八字或外八字样，行进时歪头斜肩，上下肢不协调，身体姿态不正确等。

（4）婴幼儿不正确的读写姿势

不正确的读写姿势主要有眼睛距离书本太近，歪着头看书、躺着看书、趴着看书，握笔姿势不正确，写字时不用手扶着本或纸等。

（5）婴幼儿不正确的卧姿

不正确的卧姿主要有趴着睡、左侧卧睡、蒙头睡等。

第二节　配合室外教育活动

婴幼儿最喜欢室外活动，在活动中孩子的表现可以更真实、更自然，孩子对活动的热情也最高涨。正因为如此，在组织婴幼儿进行室外活动时，如何让孩子们在安全的活动环境中愉快地活动，实现既定的教育活动目标，是每一位保育员都应该认真思考的。

第一单元　场地、材料的准备和收拾整理

一、学习目标

1. 了解做好室外教育活动场地、材料的准备和收拾整理工作的意义。
2. 掌握室外教育活动场地、材料的准备和收拾整理工作的程序与方法。
3. 明确做好室外教育活动场地、材料的准备和收拾整理工作应注意的问题。

二、工作程序

1. 室外活动场地、材料的准备工作

（1）了解活动目标及对场地、设备和材料的基本要求，对场地和设备进行初步的

检查，以确保安全。

每周伊始，保育员都要了解本周室外活动的内容、时间安排及活动目标，做好室外活动前的设备检查和材料准备工作。

例如，在某一周的室外教育活动中，有一项是组织婴幼儿玩竞赛游戏——“看看谁最快”。这个游戏主要是让孩子攀爬幼儿园的攀登墙（在一面墙上钉上一些小的凸起物，让孩子用手抓脚踩的方式攀爬到高处的平台上）。活动前，保育员要对场地和设备逐一进行检查，并准备好万一孩子没抓住，掉下来时所需的海绵垫等物品。如果幼儿园把攀登墙设在沙池里，保育员事先要把沙池清理干净并平整好，以免沙池里的异物对孩子造成伤害。检查的标准是确保当时的场地和设备条件能够保证孩子安全地进行活动。

（2）帮助教师设计和布置活动场地，根据教育的要求做好物质材料的准备工作。

有的室外活动对场地有特殊要求，保育员在活动前要与教师共同设计，并根据教育活动的要求进行具体的场地划分。例如，在进行室外活动“找朋友”前，在活动场地上要事先画好三个大圆圈。因为在活动中教师会要求小朋友分别带上不同的数字头饰，并根据教师的指令分别找到自己的朋友。例如，老师说 3，那么 3 和 3 的倍数就是好朋友，就要站在同一个圆圈中。如果场地事先划分得不清楚，就会影响孩子们正常地开展活动。因此，事先准备良好的场地，对顺利、安全地开展活动是十分必要的。

室外教育活动需要大量的物质材料，有些是本班配备的，有些则是幼儿园公共的设施和材料，需要与其他班共用，因此，在活动前保育员要根据教育活动的目标和需要，帮助教师做好这方面的准备工作。如摆放器材，检查材料和器材的安全性，与其他班进行协调等。

（3）帮助孩子检查服装和鞋帽，并根据天气情况随时提醒、帮助孩子增减衣服。

（4）在孩子到室外进行活动时，保育员要为班里开窗通风。

2. 活动结束后的收拾整理工作

保育员要帮助孩子整理好衣服和玩具、材料。其余工作的内容和程序，同室内活动的收拾、整理工作。

三、注意事项

1. 室外活动安全第一

婴幼儿非常喜欢室外活动，在进行室外活动时总是比较兴奋，全身心地投入其中。因此，保育员事先对场地和设备的安全检查一定要认真、仔细，消除一切不安全的因素。如孩子们在室外活动时使用的木制工具，事先一定要擦拭、打磨，使其圆润、光滑，不会有木刺刺伤孩子的小手。

2. 做好保护性的措施

由于孩子们在室外活动时会很兴奋，所以在活动中他们常常忘记规则，做出一些危险的举动，如不顾一切地快跑、爬到很高的地方等，因此，活动中的保护性措施一定要周全。如为了避免孩子在跑动中被一楼敞开的窗户碰到头，可事先用棉布把敞开的窗角包起来等。

保育员要协助教师组织好婴幼儿的活动，并注意观察孩子的行为表现，及时发现问题，消除安全隐患。在活动中，保育员还要细致照看体弱儿，配合教师共同组织活动，必要时担任一定的角色，使室外活动能够安全、有序地开展，达到既定的教育目标。

四、相关知识

幼儿园室外活动的设备和材料，按规模可分为大型、中型、小型三类。

1. 大型的设备设施和材料

大型的设备和材料主要有联合攀登架、攀登墙、滑梯、秋千、荡船、转椅、爬梯、平衡木、脚踏滚轮、跷跷板、沙坑、水池、游泳池等。

2. 中型的设备和材料

中型的设备和材料主要有儿童三轮车、呼啦圈、摇椅、垫子、拱形圈等。

3. 小型的设备和材料

小型的设备和材料主要有各种球（如大、中、小型皮球，羽毛球、乒乓球、篮球、儿童棒球、儿童足球等），各种跳绳、儿童高跷、踏板、滚轴、滑板、沙包、套圈、哑铃、小旗子、小木棍，大型积木，各种小车（如小鸭拉车、小推车等），以及玩沙、玩水时所使用的小桶、小盆、小铲等。

室外活动的设备和材料按制作材料不同，又可以分为木制品、钢铁制品和塑料制品三类。

第二单元　协助教师组织婴幼儿活动

一、学习目标

1. 了解婴幼儿活动的基本知识及协助教师组织好婴幼儿活动的意义。

2. 掌握协助教师组织婴幼儿活动的基本方法、技巧和工作程序。

3. 明确协助教师组织婴幼儿活动应注意的问题。

二、工作程序

1. 活动前保育员应了解教育目标以及本次活动的教育意图，努力做到心中有目标，眼中有孩子。

2. 熟悉活动的内容与要求，做好安全和材料、设备的管理工作。

3. 活动前督促孩子如厕，帮助他们整理装束，发现问题及时解决。如在活动前要与教师一起检查孩子的衣着服饰，看其服装打扮是否适合活动，是否把坚硬的东西放在衣服口袋里，鞋带有没有系紧等。

4. 在活动中注意观察孩子的反应，及时了解他们的需要，适时给予帮助和指导。

5. 及时了解和领会教师的教育意图，能准确地贯彻执行教师的教育要求。

6. 及时向教师反映孩子的要求和情况，提醒孩子遵守活动规则，完成活动目标。特别是在他们自由活动时，保育员要主动地参与到孩子的各种活动中去，认真观察他们的行为表现，提醒他们注意安全。

7. 认真完成教师布置的临时工作，配合教师做好各项工作。

三、注意事项

如前所述，室外活动是婴幼儿最喜欢的活动，也是最容易出现安全问题的活动。因此，保育员要根据教师的要求，协助教师组织好婴幼儿的户外活动。在活动中应注意以下事项：

1. 每次活动前一定要对场地、设备和材料作认真的检查，确保婴幼儿使用的安全。

2. 认真观察孩子的活动反应，掌握好孩子的活动量。

3. 及时与家长和教师进行沟通，了解孩子的真实情况。

四、相关知识

受婴幼儿心理和生理特点的影响，婴幼儿在幼儿园的活动主要以生活活动、游戏活动和学习活动为主。有关这方面的知识参见“国家职业技能等级认定培训教材——合编版”《保育员（基础知识）》中的有关内容。

第四章

安全工作

第一节　常规的安全措施

保证安全就意味着避免危险、远离意外，安全工作是幼儿园的一项重要工作。由于婴幼儿缺乏安全知识、生活经验少、安全意识差、自我保护能力低，同时又活泼好动、好奇心极强，什么都想摸一摸、看一看，常常不自觉地接触危险事物，做出危险的动作，所以很容易出现意外。因此，安全工作是幼儿园管理中的一项极为重要的内容。加强安全措施就是要预防日常生活中存在的潜在危险，以及遇到各种危险时确保婴幼儿不受伤害。幼儿园的安全措施主要包括两个方面：一是人们行为的改善，二是环境的改造。

第一单元　婴幼儿活动材料和场地的选择

一、学习目标

能够根据活动内容帮助教师选择安全的、符合活动内容的活动材料和活动场地。

二、工作程序

1. 活动材料的选择

（1）了解活动的内容及活动所需要的场地、材料以及材料的数量。

（2）选择、配置活动材料。有时户外活动所需的物质材料是大量的，这就需要保育员在活动前根据活动的需要，主动帮助教师做好准备工作。如需要与其他班共用设施和材料时，则要提前做好协调工作，帮助教师设计和布置场地等。

（3）组织婴幼儿活动前要进行安全检查，发现活动所需的材料有安全隐患的（如玩具有损坏、裂缝，玩具的棱角没有磨光等），要及时维修或更换。

（4）活动材料摆放位置要合适，既要便于婴幼儿活动，又要避免因过分拥挤而发生外伤。

2. 活动场所的安全

由于婴幼儿的运动机能发育不够完善，动作的协调能力不强，平衡性较差，动作的反应较迟缓，再加上婴幼儿所处环境的安全隐患（如高低不平的场地、冒出地面的小石头子、堆放的杂物等），一般来说，户外活动期间是儿童意外伤害的高发时间段，户外活动场地是儿童损伤的高发地点。因此，加强活动场所的安全，努力防止意外伤害的发生，是幼儿园安全工作的一项重要内容。

（1）户外活动场所的安全

1）在组织户外活动前，保育员应检查器械的安全性和活动场地的情况，清除活动场地的砖头、玻璃碎片、树枝等。

2）检查孩子的衣服鞋帽是否符合活动的要求，如把过长的裤腿挽起，过宽的裤腿用皮筋扎住，提醒孩子提裤子、系紧鞋带等。

3）组织活动时做到不让全班孩子离开自己的视线，不让个别孩子离开集体，不要把孩子单独留在室内。

4）组织外出活动或交接班时，要清点人数，防止孩子走失。

5）活动后返班或上课、上床前，要检查孩子身上有没有不安全的物品，如小刀片、别针、扣子、小珠子、玻璃片、小虫子等。

（2）室内活动场所的安全

1）活动室的家具要摆放合理，尽量放置在角落和墙角处，保持活动室宽敞、少障碍物，便于孩子活动。

2）盥洗室要保持清洁，地面要干爽，防止孩子跌倒、滑倒，造成事故。

3）午睡前要进行必要的检查，防止孩子把一些小食品、小物件（如花生米、黄豆、小珠子、棋子等）带在身上。有些孩子玩耍时会误将其放入口、鼻、耳中，造成异物进入食道、呼吸道或耳道，给孩子带来危险或伤害。

4）给婴幼儿的水和饭菜都必须降温后再端进活动室。暖壶应放在婴幼儿拿不到的地方，暖气片、电暖气应有罩，避免婴幼儿直接接触而造成烫伤。给婴幼儿洗浴的水温应适宜，应先注入冷水再加热水。

5）妥善保管好孩子的药物。保育员要根据用药情况的说明，监督孩子服药，并做认真的记录，防止孩子不肯服药、乱服药或重复服药。

6）消毒的药品和用于厕所清洁的化学药品等一定要保管好，切不可随便放置。

三、相关知识

1. 幼儿园房舍的配置及原则

（1）幼儿园房舍的配置

幼儿园的房舍通常分为生活用房、服务用房和供应用房三大类。

1）幼儿园的生活用房主要包括活动室、寝室、卫生间、衣帽储藏室、音体活动室等。

2）幼儿园的服务用房主要包括医务保健室、隔离室、晨检室、教职工办公室、资料室、会议室、值班室、传达室，以及教职工厕所、浴室等。

3）幼儿园的供应用房主要包括幼儿厨房、消毒室、开水间、库房等。

（2）幼儿园房舍的配置原则

幼儿园的房舍配置，除了需要考虑适合于不同年龄阶段婴幼儿发展的特点，还应该遵守以下几项基本原则。

1）房舍建筑本身应安全、牢固。

2）房舍的配置要能保证婴幼儿的安全以及身心的健康发展。

3）房舍的配置要便于控制传染病在幼儿园内的蔓延或流行。

例如，幼儿园的生活用房应安排在当地最好的日照方位，以保证室内光线充足和房屋的冬暖夏凉；在温暖地区、炎热地区的生活用房应避免朝西，否则应设遮阳设施。这些措施都是为了保证婴幼儿身体的健康。再如，幼儿园的生活用房应设计成每班独立使用的生活单元，包括活动室、寝室、卫生间、储藏室等，其中以活动室为主，其他各室分别与之相互连接，各单元应有自己单独的出入口，以及通向户外活动场地的过道。这种配置既便于组织婴幼儿活动和进行日常生活的照顾及管理，在传染病流行期间，也便于班级之间采取隔离措施，若遇到紧急情况时，还有利于疏散。

2. 幼儿园生活用房的安全、卫生要求

（1）活动室的要求

活动室是婴幼儿生活、游戏与活动的主要场所，因此必须有足够的面积和空气容量。

1）活动室应宽敞。按国家有关规定，每班活动室的面积均应在 50 m^2 以上，依据婴幼儿年龄的不同，人数可在 20 ~ 35 人，活动室净高不应低于 2.8 m。

2）活动室应采光充分和照明良好。活动室的光线是否充足，直接影响婴幼儿的视力和情绪。婴幼儿的视觉器官尚未发育完善，要保护好婴幼儿的视力，就必须解决好活动室的自然采光和照明问题。

自然采光是指以日光为光源来获取视觉效果的方法。为了满足自然采光的要求，采光窗应适当加大。照明是指用人工光源获取视觉效果的方法。采光和照明的目的，是为了形成良好的视觉环境，保障安全和用眼卫生。活动室要做到光线充足，就要保证采光充分。这不仅能减少婴幼儿的视觉疲劳，预防和减少近视，还会影响婴幼儿的心理状态，使婴幼儿感到舒适和心情愉快。适宜的自然光线，还具有杀灭细菌、净化空气、促进婴幼儿新陈代谢的功能。当遇到阴雨天或早晚间活动时，由于自然采光不足，就需要使用人工照明来调节室内光线。

活动室自然采光和照明的卫生要求主要有两个方面：一是应使室内各桌面、黑板面有足够的照度（照度是指光线的明亮程度），照度充足，眼睛就看得清楚，不易产生视觉疲劳；二是应做到光线均匀，光质柔和，避免产生眩光和阴影，以保护婴幼儿的视觉机能。

活动室的自然采光状况与照度，主要取决于窗户的面积大小。此外，窗户玻璃的清洁度、窗外是否有遮挡物、室内墙壁的颜色等方面的因素，也会对室内的采光情况和照度产生一定的影响。为了保证活动室内具有充足的采光和照度，活动室的窗户应尽可能开设得多些、大些，窗户尽可能地高一些，窗户的玻璃尽可能擦得明亮些，窗外尽可能没有高大建筑物或树木等的遮挡，室内的墙壁、天花板以及家具等也应尽可能地选用浅色的涂料。同时，为了避免眩光和日光的直射，还应采取相应的遮光措施。

活动室宜采用日光色光源的灯具照明，照度值应以 150 lx（勒克斯）为宜。若使用荧光灯照明，则应尽量减少闪效应的影响。

3）活动室应通风良好。通风的目的是通过空气的流通，引进室外的新鲜空气，排出室内因呼吸等原因而产生的污浊空气，并调节室内的温度与湿度，以保证室内有适宜的小气候，空气新鲜。

一般来讲，活动室的孩子较多，而婴幼儿的需氧量较大，对疾病的抵抗能力较差，如果活动室的空气较浑浊，含氧量不足，有害于身体的空气成分高于限度，再加上闷热以及湿度过大或过小等因素，都有可能会造成婴幼儿机体缺氧，引起疲劳、精神不振、注意力不集中等现象，而且也较容易导致某些疾病的传播，影响婴幼儿的生长发育和健康。因此，合理的通风换气是保证室内空气清新、适宜的条件，这对保证婴幼儿的身心健康十分重要。

活动室通风的形式主要有两种：一种是自然通风，这是通风的主要形式，即利用自然风力、气流的通风形式；另一种是人工通风，是指利用电风扇等电器辅助通风的方法。活动室的通风应以经常敞开窗户这一主要形式来实现。若把窗户全部打开，一般 10 min 左右就可换气一次。为了保证室内空气新鲜，活动室应建立每日合理的通风制度：婴幼儿入园前、到户外活动时、进寝室睡眠时以及离园时，应打开所有窗户通风换气；婴幼儿在室内活动期间，应根据季节的不同以及活动室窗户的设置情况，定时开启全部或部分窗户通风换气。通风时应避免让婴幼儿在穿堂风中活动。通风换气时间的长短，可根据室内外气温的具体状况来决定。一般而言，若室外和室内温度相差较大，通风换气的速度就相应较快，这时，通风换气的时间可以相对短一些；反之，则应相对长一些。

4）其他要求

①活动室的地面宜为暖性、弹性地面，以铺设木制的地板为佳，这样有利于保暖、防潮和打扫，而且地板具有一定的弹性，婴幼儿活动时也比较安全。

②活动室的墙角、窗台、暖气罩、窗口竖边等棱角部位必须做成小圆角。活动室电源插座安装的高度不应低于 1.7 m。

③活动室应用低温热水集中采暖，供暖的散热器必须采取防护措施。采用局部式采暖时，一定要采取适当的防火措施以及相应的通风与排烟措施，以防火灾和有害气体等对婴幼儿机体产生影响。

（2）寝室的要求

寝室是婴幼儿用于睡眠的场所，寝室的各项指标是否符合卫生要求，直接影响婴幼儿的睡眠质量。寄宿制幼儿园以及有条件的全日制幼儿园最好单设婴幼儿寝室。

寝室的窗户上应配置颜色较深的窗帘，以利于婴幼儿午睡。地面最好铺设木制地板，以增加保温性。在冬季采暖设施方面，其安全、卫生的要求与活动室的要求基本一致。寄宿制幼儿园的寝室，还应设置夜间供保育员巡视时用的照明设施。

寝室内应保持整洁、安静，经常开窗通风，保持空气流通、新鲜，即使在较寒冷的冬季，也应在婴幼儿进入寝室午睡前开窗换气 10 min 左右。如果是开窗睡眠，应避免穿堂风或不让风直吹到婴幼儿的身上。婴幼儿起床以后，应将自己的被子掀开，把贴身的部分暴露在外面，然后离开寝室。保育员应开窗，通风换气约 10 min 以后再将被子叠起，以保证婴幼儿的健康以及寝具、寝室的卫生。有条件的幼儿园，可以在寝室里安装紫外线灯，以便经常进行室内空气消毒，尤其是在传染病流行期间，其作用将更加有效和重要。

（3）卫生间的要求

卫生间是婴幼儿进行洗漱和排泄的生活用房。卫生间应临近活动室和寝室，盥洗室和厕所最好分间。炎热地区的幼儿园，各班的卫生间内还应设置冲凉浴室。保育员不得使用婴幼儿的厕所。若保育员的厕所设置在婴幼儿的卫生间内，应与婴幼儿的厕所分隔开。

卫生间的地面应易清洗、不渗水并防滑。卫生间中应有直接的自然通风，并始终保持通风和干燥。卫生间内应设有专门的污水池，用于冲洗抹布、墩布或倒污水。

由于婴幼儿的身材较矮小，动作能力的发展还较差，因此，婴幼儿的盥洗设备和厕所设备的大小、高矮以及结构、种类等，均应适合于婴幼儿的身材特点和能力发展水平。例如，年龄较小的孩子可以使用儿童便盆，较小婴儿使用的便盆最好放在便盆架上，以防婴儿坐盆时会歪倒。年龄较大的幼儿可以使用宽窄与高矮都较合适的蹲式便池或坐式便器，男孩子可以使用低矮的小便池。婴幼儿应使用水龙头的流动水洗手，故水槽的宽度、高度以及水龙头的高度等，也应与婴幼儿的身高相适应，以便使婴幼儿能较容易地进行盥洗。每个水龙头旁边可以放置一块肥皂或悬挂一个肥皂袋，供婴幼儿洗手时使用。盥洗室内婴幼儿使用的镜子以及放置盥洗用具的柜子和架子等，其高度与大小也应适合婴幼儿的身高。

卫生间内的各种设备与用具，应经常进行必要的清洗和消毒。

3. 幼儿园室外活动场地的安全、卫生要求

幼儿园的室外活动场地，主要是供婴幼儿进行户外游戏和体育活动时使用。幼儿园应设置各班专用的、靠近各自活动室的室外活动场地。每班活动场地的面积不应少于 60 m^2，各活动场地之间宜采取相应的分隔措施，在传染病流行期间便于班级之间的隔离，以控制传染病的蔓延。如果幼儿园的室外活动场地不足，各班可以有计划地采取轮流使用室外活动场地的方式，这样可以充分提高室外活动场地的使用率。

幼儿园还应有全园共用的室外活动场地。共用的活动场地应包括可供节日或全园师生开展活动时使用的面积较大的场地，其中包括婴幼儿运动器械场地、戏水池、沙坑以及 30 m 长的直跑道等。

如果幼儿园的场地较为宽敞，在场地的边缘还可设置一些凉亭、回廊、坡缓的小山坡等，以便于婴幼儿休息和满足婴幼儿各种活动的需要。但同时也应注意，不宜把户外空间塞得过紧、过满，以免影响婴幼儿自由地奔跑和活动。

婴幼儿室外活动场地的地面设施最好有多种类型，如水泥地、泥沙地、草地等。水泥地平整、便于清扫、雨后容易干，较适合开展各种游戏活动；泥沙地弹性较好，

具有一定的缓冲作用，婴幼儿在上面奔跑和跳跃时较安全，适合于开展婴幼儿体育活动；草地美观而柔软，能深深地吸引婴幼儿，有利于婴幼儿在上面自由地玩耍。

4. 设备和用具的安全、卫生要求

幼儿园的各种设备和用具，是婴幼儿生活和开展各种活动所必需的物质条件。为了保证婴幼儿的身心健康和发展，这些设备和用具必须适合婴幼儿的年龄特点，符合基本的安全、卫生要求。

幼儿园中的设备和用具，无论是哪一种，都必须符合以下基本的安全、卫生要求：使用安全，便于清洗与消毒，结构设计以及在环境中的设置较合理。

（1）玩具的要求

玩具是婴幼儿进行游戏活动的基本物质材料。幼儿园的玩具是为全体儿童使用的，如果选购不当或管理不善，就很容易引起婴幼儿身体受伤或导致疾病的传播。因此，幼儿园在选购和管理玩具时必须符合安全、卫生要求。

婴幼儿玩具的基本要求是：无毒、安全、牢固、耐玩、易于保洁和消毒，对婴幼儿身心健康发展能起到良好的促进作用。

1）在选购婴幼儿玩具时应重点注意以下几个方面：

①注意制作玩具的材料以及玩具表面的涂料是否含有毒性。例如，在选择塑料玩具时要注意，聚乙烯类的塑料是无毒的；玩具上所涂的颜料通常都含有一定的砷、铅、汞等有毒物质，应选择符合卫生标准的产品，并要求婴幼儿在使用时不要将玩具置于嘴中，活动后要洗手。如果可能，最好在有色的颜料玩具外面，涂上一层透明的漆，以形成较安全、牢固的保护层；同时，还需注意颜料与漆都应是无臭无味、不溶于水的。

②注意玩具的安全性。例如，玩具的表面应是光滑的，且没有锐利的边和角，以免引起婴幼儿外伤。玩具的大小与轻重应适合婴幼儿，过小的玩具易造成异物入体，而过重的玩具则易造成砸伤；带子弹的玩具枪极易造成身体的伤害，也不能选购。

③注意玩具材料的易保洁性和易消毒性。一般宜选购塑料、橡胶、木材和金属制成的玩具。有些不能清洗的毛绒玩具，则只能观赏，而不能作为婴幼儿的操作玩具。有些玩具，如口哨、喇叭等吹响类玩具，由于需要专人专用，因此，也不适合在幼儿园中使用，否则有可能导致疾病的传播。

④注意避免选购对婴幼儿身心健康可能会造成不良影响的玩具。应选购在外形和功能上能吸引婴幼儿、能引起其良好情绪与情感感受的，并具有较好教育作用的玩具。不应选购容易引起婴幼儿视觉、听觉、触觉不安的，或不利于实施教育的玩具。例如，不应选购看起来可怕、恐惧的玩具；不应选购产生响声过大的玩具，以免产生过强的

声音刺激，损伤婴幼儿的听觉机能；不应选购手铐之类有碍于婴幼儿心理健康发展的玩具。

2）婴幼儿的玩具在使用一段时间以后应进行消毒，通常可以采用温水和肥皂水清洗，或使用消毒液清洗，也可以根据玩具材料的性质采用蒸煮或日光暴晒等方法进行消毒。

3）幼儿园应建立玩具的使用与管理制度，主要内容应包括：指导婴幼儿正确地使用各种玩具，玩具经常消毒，对已损坏玩具的处理办法，玩具在不使用时应放在规定的玩具柜中加以保存。这样，既能保持玩具的清洁卫生，又能培养婴幼儿爱护玩具、保持玩具清洁的良好习惯。

（2）教具、文具和图书的要求

幼儿园常用的文具和教具有蜡笔、彩色铅笔、水彩笔、绘画颜料、绘画用纸、彩色纸、橡皮泥、图片、黑板、彩色粉笔、贴绒板以及各种直观教具等。

1）婴幼儿使用的各种笔、绘画颜料、橡皮泥等不应含有毒物质，笔杆外的涂料应具有不易脱落、不溶于水的特点；笔杆的粗细、长短以及轻重，都应适合不同年龄段婴幼儿手部肌肉、关节以及骨骼发育的特点，以便使婴幼儿使用起来较省力、自然和协调。

2）幼儿园使用的黑板最好是磁性黑板。磁性黑板既平整、无裂缝、不反光，使用也方便、卫生。若使用一般黑板，应尽可能用湿的抹布擦去不要的粉笔印迹，以免让婴幼儿吸进粉笔灰；同时，也要注意粉笔颜色与黑板颜色之间的反差度，并避免反光，以便使婴幼儿既能看得见又不刺眼。在使用贴绒教具的时候，也应注意贴绒板与直观教具之间颜色的反差度。

3）教学用的图片，画面应较大，以便使每一个孩子都能看到，其色彩应明快、鲜艳、和谐，并具有一定的对比和反差。

4）儿童读物的文字、插图、符号等要大而清晰，并且与纸张之间的颜色应有鲜明的对比，且色彩要协调、柔和，不能对视觉产生过分的刺激。所用纸张也应结实、耐用，纸面光滑而不反光。字行间距不宜太窄，书型、质量以及大小等均应适合婴幼儿使用。婴幼儿读物应定期进行消毒，可以使用紫外线消毒，也可以在日光下进行翻晒。婴幼儿读物如果有破损，应及时进行修补，残破严重和脏污的图书应及时废弃。

婴幼儿在进行绘画或阅读的时候，保育员还应注意把握好他们用笔和用眼的时间，不宜使婴幼儿手部和眼部过于疲劳。同时，应帮助婴幼儿学习和掌握正确的用笔姿势、看书姿势以及看书的方法。

（3）运动器械的要求

幼儿园的运动器械有大、中型的，如滑梯、秋千、转椅、荡船、攀登架、摇马、平衡板、投掷架等；也有小型的，如小三轮车、手推车、塑料圈、哑铃、各种球等。

对婴幼儿运动器械的要求是：坚固、耐用、光滑、使用安全；高矮、大小、坡度等均适合婴幼儿的年龄特点，有利于婴幼儿的身心健康和发展。在婴幼儿每次活动之前，都要仔细检查器械的关键部位是否安全，防止发生意外伤害。当发现运动器械有破损、脱落、变锈等现象时，应立即停止使用该器械，并及时加以处理。对器械要定期进行检修，加强安全管理和清洁管理等。

（4）桌椅的要求

婴幼儿在活动室进行游戏、绘画、进餐和休息时都离不开桌椅。合适的桌椅有助于婴幼儿保持良好的坐姿，避免疲劳，预防近视和脊柱异常弯曲的发生等。可以说，这些都直接关系到婴幼儿身体的各个器官能否正常发育。

幼儿园桌椅最基本的卫生要求是使婴幼儿在使用时具有良好的姿势。桌椅的大小及式样应便于婴幼儿采取前倾或微后仰的坐姿，使婴幼儿坐时脊柱正直，前胸不受挤压，大腿水平，两脚着地，腘部的神经、血管不受挤压，且能适度地变换体位，避免长时间处于一个姿势。

婴幼儿桌椅的大小尺寸、结构以及配置，应符合下列卫生要求。

1）桌椅的大小、结构等，应适合于婴幼儿的身材。婴幼儿所使用桌椅的大小、规格，桌椅的间距、桌椅的高度差等，均要符合婴幼儿身材的特点并有利于婴幼儿生理发展的需要。

2）桌椅的配置应以婴幼儿的身高为依据。婴幼儿桌椅配置的依据应是婴幼儿的身高，而不是他的年龄，因此，每一个年龄班最好备有三种不同尺寸的桌椅。身高相差10 cm以内者，可以使用同一尺寸的桌椅。同时，还应该注意根据婴幼儿身高的变化，不断地调整桌椅高度，使之始终有利于婴幼儿的需要。

（5）床和寝具的要求

1）每个孩子都应使用自己专用的小床。婴幼儿床的大小及结构等，也应适合婴幼儿的身材。具体地说，婴幼儿床的长度应为孩子的身长再加上15 ~ 25 cm；床的宽度应为孩子肩宽的2 ~ 2.5倍。为了保证婴幼儿睡眠时的安全以及便于婴幼儿自己上下床，婴幼儿床的高度一般为30 ~ 40 cm。床的周围应设有栏杆，在床的一侧可留有上下床的空间。婴幼儿使用的床不宜过软，最好是木板床或棕绷床、藤绷床，这类床有利于婴幼儿脊柱的正常发育。若寝室较小，或将婴幼儿的睡眠安排在活动室中，可以使用婴幼儿双层床或婴幼儿折叠床，其尺寸大小和结构等方面的设计，也应适合婴幼儿的身材，并考虑到婴幼儿的健康。

2）为了避免婴幼儿睡眠时相互干扰，控制疾病的传播和便于保育员在床间进行巡视和照料，婴幼儿床的床头之间、床与床边缘之间均应保持一定的距离。婴幼儿使用的床应保持清洁、干燥，必要时可以放到日光下进行暴晒消毒。

3）婴幼儿枕头的高低以及软硬程度，直接关系到婴幼儿的健康，应选用较扁平的、较柔软的枕头，过高或过低的枕头都会影响婴幼儿脊柱、颈椎的正常发育，也易引起婴幼儿落枕。例如，过高的枕头有可能导致婴幼儿脊柱异常弯曲或成年后患颈椎病；过低的枕头或不枕枕头，则会使婴幼儿头部过分后仰，造成颈前部肌肉压迫气管，从而影响婴幼儿正常的呼吸以及头部的血液循环等。婴幼儿枕头的软硬度也应适中，不宜过硬也不宜过软，否则也会影响到婴幼儿头部的血液循环。

4）婴幼儿应使用自己专用的寝具，如枕巾、被子和褥子等。寝具应选用纯棉制品，并经常进行清洗和晾晒，不用时则应放置在干燥的橱柜中加以保存，以保证其清洁、卫生。我国南方的夏季比较炎热，可以在床上铺席子，婴幼儿使用的席子以草席为宜。新购买的席子应用开水浇烫、晾干，使用时每天应用温水擦洗，以消灭或减少席中的有害物。

（6）橱柜的要求

婴幼儿直接使用的橱柜主要包括玩具柜、文具柜、饮水杯柜、刷牙杯柜、衣帽柜、鞋柜等。橱柜的结构、高矮以及深度，应适合婴幼儿的身高，并便于婴幼儿自己取放和整理。

橱柜不应有尖锐的棱角，最好将其制作成小圆角；橱柜的表面应光滑，避免有木刺或钉子露出；橱柜应敦实，且重心较低，以免婴幼儿不慎将其推倒而造成伤害。如果可能，最好将橱柜设在墙内，这样既能扩大婴幼儿的活动空间，又能避免被婴幼儿碰撞。

（7）饮食用具的要求

婴幼儿常用的饮食用具有碗、碟、勺子、筷子、饮水杯等，其材料应坚固、光滑、无毒、易于清洗与消毒、不起化学反应、防烫嘴和手，其大小、质量以及结构等应适合婴幼儿手部发育的特点，便于婴幼儿用手操作。

婴幼儿使用的餐具，可以选用耐高温的塑料餐具、铁制餐具、瓷器或钢化玻璃餐具等。如果使用搪瓷制品，则必须注意瓷釉的制作特点以及瓷釉脱落的问题，以免伤害孩子。婴幼儿使用的筷子宜选用圆柱体的竹制筷子或木制筷子，长度约 20 cm，筷子的外表不要涂漆。如果婴幼儿使用的饮食用具出现了破损，应及时更换，以免伤害婴幼儿的肌肤或出现其他危险。

婴幼儿每次进餐以后，其用过的饮食用具均应及时洗净并进行消毒，消毒的方法通常有煮沸消毒、蒸汽消毒、红外线消毒等。

（8）盥洗用具的要求

婴幼儿常用的盥洗用具有肥皂、毛巾、牙刷、牙膏、刷牙杯、洗屁股盆、洗脚盆等。除肥皂以外，其他的盥洗用具都应专人专用。

由于婴幼儿的皮肤比较娇嫩，保护机能较差，很容易受到损伤，因此，应选用刺激性较小的肥皂。例如，香皂中含碱很少，多属中性，较适合清洁婴幼儿的皮肤。

婴幼儿使用的毛巾也应选用质地较柔软的棉织品，以免擦伤其娇嫩的肌肤，尤其是年龄较小的婴儿，更需格外注意。此外，毛巾不宜太厚，以利于婴幼儿自己动手盥洗。寄宿制幼儿园中的洗脸毛巾与洗脚毛巾应分开使用，女童还应有清洗外阴的专用毛巾。每次盥洗后，保育员应将毛巾搓洗干净然后晾挂，以保持毛巾的清洁、干燥。婴幼儿园中一般使用毛巾架来晾挂毛巾，晾挂时应使每条毛巾之间保持一定的距离，以保证通风干燥和避免相互接触，并且应经常搬到室外，放在日光下进行暴晒消毒。

在寄宿制幼儿园，由于婴幼儿需要在园里住宿，这就需要幼儿园为孩子准备刷牙的用具和洗屁股、洗脚用的盆。

婴幼儿应使用儿童型牙刷，这种牙刷的结构与毛的质量较适合婴幼儿。刷牙后，牙刷上往往会残留一些细菌，因此需彻底清洗干净并甩干，再把牙刷毛端朝上、柄端朝下放置于刷牙杯中，以保持牙刷毛的干燥，避免细菌的生长和繁殖。婴幼儿使用的牙膏最好选用含氟牙膏，含氟牙膏对防止婴幼儿龋齿具有一定的作用，但一定要提醒婴幼儿将牙膏沫吐干净，不要吞食，以防引起氟中毒。刷牙杯应定期清洗和消毒，牙刷应定期更换。

婴幼儿使用的洗屁股盆和洗脚盆应分开，在每次洗完以后应进行必要的清洗，并定期进行消毒。

第二单元　婴幼儿着装的检查

一、学习目标

1. 能根据天气和活动量的变化，提醒婴幼儿增减衣服。
2. 能随时检查婴幼儿的衣着，排除安全隐患。

二、工作程序

1. 了解每天的天气情况和户外活动的内容，及时提醒孩子增减衣服，防止其感冒。

2. 在户外活动中如果活动量较大，应提醒部分孩子脱外衣，返回教室时再穿上外衣。

3. 在孩子入园的晨检、从户外回到教室以及午睡前，都要认真检查孩子的衣着，防止其携带花生、珠子等小食品、小物件。

三、相关知识

1. 婴幼儿衣着的选择

婴幼儿的服装除了要保暖和美观，还应具备舒适、方便和安全的特点。舒适是指服装的大小、宽松适度，面料柔软、吸湿透气、款式简单，不妨碍婴幼儿的生长。方便是指服装便于婴幼儿的穿脱和运动。安全是指服装的扣子、带子等要考虑到婴幼儿的特点，不会导致意外事故。总之，保暖、舒适、方便、安全、美观是婴幼儿着装的基本要求。

2. 婴幼儿衣着面料的选择

婴幼儿的皮肤娇嫩，排汗量多，因而婴幼儿的贴身内衣应选用纯棉的面料。纯棉内衣吸湿性、透气性好，而且柔软、保温，十分适宜婴幼儿穿着。婴幼儿的外衣面料最好也使用棉制品，这样，在成人抱婴幼儿的过程中也能使婴幼儿感到舒服，而不至于擦伤婴幼儿娇嫩的皮肤。较大幼儿的外衣面料可以多种多样，但主要应以舒适、结实为主。

3. 婴幼儿衣着款式和大小的选择

婴幼儿衣着款式的选择应简洁、方便、安全，大小、宽松适度，色彩明亮，欢快醒目，充满童趣。

第二节　防止意外伤害

第一单元　危险用品及药品的妥善保管

幼儿园的危险用品多指有腐蚀性的、有毒的、易燃易爆的物品。它们通常是用于厕所清洁的化学药品，用于装修、维修的油漆和涂料，用于消毒的药品和杀虫剂等。

一、学习目标

能够妥善保管幼儿园的危险物品，防止意外事故的发生。

二、工作程序

1. 危险品的保管

（1）对有腐蚀性的、有毒的、易燃易爆的物品，幼儿园应有专人保管，并且要上锁保管。

（2）保育员每次使用这些物品时都要登记，使用完后要将剩余部分上交保管。

（3）保育员要对用完的瓶罐做统一回收处理，切不可随便丢弃，更不能随意放在盥洗室，以防好奇的婴幼儿玩耍。

2. 药品的保管

（1）保健人员和保育员应将婴幼儿的药物妥善保管好，并贴上标签。

（2）药品要放在固定的位置，并确保婴幼儿拿不到。

（3）服药要按时，服药前要注意查对姓名、药名、剂量、用法，并亲自督促孩子服用，服药情况要做认真的记录，防止婴幼儿不肯服药、乱服药或重复服药。

（4）孩子服完药后，剩余的药物要继续妥善保管好。

第二单元　常用的护理技术

常用的护理技术对生病的婴幼儿来说是必不可少的。保育员掌握一些护理技术，有利于生病的婴幼儿早日康复。

一、学习目标

了解并掌握常用的护理技术。

二、工作程序

1. 测量体温

体温表是用来测量体温的仪器，又叫体温计。常用的体温表有数字式体温表和水银体温表。水银体温表是由玻璃制成的，里面装有水银，水银遇热膨胀刻度上升，对应的刻度值就是体温的度数。婴幼儿的体温比成人略高，正常体温（腋表）为 36 ~ 37.4 ℃。给婴幼儿测体温时要测腋下，这种方法既安全又卫生。测量体温的步骤如下：

（1）测量体温前，先要检查体温表的水银线是否在 35 ℃以下。

（2）查看度数时，用一只手捏住体温表的上端（即没有水银球的一端），使体温表和眼睛平行，轻轻转动，就可清晰地看出水银线的度数。

（3）如果水银线的度数超过 35 ℃，可用手捏住体温表的上端，向下向外轻轻地甩几下，使水银线降到 35 ℃以下。

（4）测体温时要先将腋窝下的汗擦去，然后把体温表的水银端放在孩子的腋窝中间（注意体温表的水银端不能露出腋窝外），让孩子曲臂、夹紧。

（5）保持 5 min 取出。

如果孩子正在哭闹，应待孩子安静下来再测。

2. 物理降温法

发烧是人体的一种防御反应，但发高烧就需要采取降温的措施了。降温措施一般分为药物降温和物理降温两种。对于婴幼儿来说，物理降温的方法更安全，尤其是对 6 个月以下的婴儿，应多采用物理降温的方法。这里介绍冷敷和酒精擦拭降体温的操作方法。

（1）冷敷降体温的操作方法

1）将小毛巾折叠数层，放在冷水中浸泡，拧成半干（以不滴水为宜），敷在前额，每隔 5 ~ 10 min 换一次。

2）也可将小毛巾放在腋窝、肘窝、腹股沟等处进行降温。

3）还可将冰块或凉水灌进热水袋，并用毛巾包好，作为冰枕枕在头后进行降温。

（2）酒精擦拭降体温的操作方法

酒精易于挥发，能较快地将体内的热量带走。

1）将 70% 的酒精或白酒加 1 倍水稀释。

2）用小毛巾浸泡后擦腋下、肘部、颈部两侧等处。

3. 喂药

给婴幼儿喂药时，可将药片研成细小粉末，溶在糖水、果汁等香甜可口的液体中，或用奶瓶像喂奶那样喂进去。具体操作方法如下：

（1）将药片研成细小粉末，放在小勺里，加点糖和少许水，调成半流体状。

（2）固定孩子头部，使头歪向一侧，左手捏住孩子下巴，右手将勺尖紧贴孩子的嘴角将药灌入；待孩子将药咽下去后，放开下巴，再让他喝几口糖水，以解嘴苦。

对 2 ~ 3 岁以后的孩子要鼓励他们自己吃药，而不宜采用灌药的办法。

4. 翻转眼皮

（1）翻上眼皮的方法

让孩子向下看，用拇指和食指捏住他的上眼皮，轻轻向上翻即可。

（2）翻下眼皮的方法

让孩子向上看，用拇指向下牵拉下眼皮即可。

5. 滴眼药水

（1）保育员应先把手洗净，再用干净毛巾将孩子眼部的分泌物擦净。

（2）核对药名。

（3）滴眼药时用左手食指和拇指轻轻分开孩子的上下眼皮，让孩子头向后仰，向上看。右手拿滴药瓶，将药液滴在下眼皮内，每次滴 1 ~ 2 滴，然后让孩子轻轻闭上眼睛。

（4）用拇指和食指轻提上眼皮，嘱咐婴幼儿转动眼球，以使药液均匀地布满眼内。

眼药膏宜在睡前涂用，方法同眼药水。

6. 滴鼻药水

（1）让孩子坐在椅子上，背靠椅背，头尽量向后仰，这样可以避免药液通过鼻咽部流到口腔内。

（2）保育员一手拿药瓶，在距孩子鼻孔 2 ~ 3 cm 处将药液滴入鼻孔，每侧滴 2 ~ 3 滴，轻轻按压孩子鼻翼，使药液均匀地接触鼻腔黏膜，并进入鼻道，以发挥疗效。

（3）滴药后保持原姿势 3 ~ 5 min。

7. 滴耳药水

（1）让孩子侧卧，使病耳向上。

（2）保育员先用棉签擦耳道，再滴药。

（3）一手牵拉耳郭，使外耳道变直，另一手持药瓶，从外耳道后壁滴入 2 ~ 3 滴药液，轻揉耳屏，使药液充分进入耳道深处。

（4）滴药后保持原姿势 3 ~ 5 min。

8. 简易通便法

（1）肥皂通便法

将普通肥皂削成圆锥形，蘸少许温水，慢慢塞入孩子肛门，利用肥皂的机械刺激，引起孩子便意。

（2）开塞露通便法

使用前将开塞露封口处平行剪开，挤出少许液体润滑管口，插入孩子肛门，用力挤压塑料管后端，使药液射入肛门内。让孩子尽量憋一会儿再排便。

第三单元　常见小外伤的处理

常见小外伤主要是指跌倒蹭破皮肤、扎刺、划伤、切伤、挤伤、鼻出血等。

一、学习目标

了解常见小外伤的处理常识，并能及时处理常见小外伤。

二、工作程序

1. 跌倒蹭破皮肤的处理

婴幼儿在奔跑、跳跃、与同伴嬉闹时不慎跌倒，很容易蹭破膝盖、胳膊肘，尤其在夏天更为常见。遇到这种情况时应注意：

（1）观察伤口的深浅。

（2）如果伤口较浅，只需将伤口的泥沙清理干净即可；如果伤口较深且有出血，应该用清水或生理盐水清洁伤口，并用酒精消毒伤口；若伤势较严重，则需送医院治疗。

2. 扎刺的处理

一般来讲，竹刺、木刺扎入皮肤后，都会有一部分露出皮肤，有刺痛感，此时应立即将刺取出。其具体步骤是：

（1）先将伤口用清水或生理盐水清洗。

（2）用消过毒的针或镊子顺着刺的方向把刺全部挑、拔出来，不要有残留，并挤出淤血。

（3）用酒精消毒伤口。

（4）如果刺扎在指甲或难以拔除的位置，应送医院处理。

3. 划伤、切伤的处理

婴幼儿在使用剪刀、小刀等文具或触摸纸边和打碎的玻璃器皿、陶器时，都可能会发生手被划伤、切伤的事故。其处理的步骤是：

（1）用干净的纱布按压伤口止血。

（2）用75%的酒精在伤口周围由里向外消毒，敷上消毒纱布，用绷带包扎。

（3）如果是被玻璃器皿扎伤，应先用清水清理伤口，再用镊子清除碎玻璃片，消毒后进行包扎。

4. 挤伤的处理

婴幼儿的手指容易被门、抽屉挤伤，给婴幼儿造成痛苦，严重时可出现指甲脱落的现象，应及时发现并处理。其具体步骤是：

（1）如果没有破损，可用水冲洗，进行冷敷，以减轻孩子的痛苦。

（2）如果有出血，应消毒、包扎、冷敷。

（3）如果指甲掀开或脱落，应立即去医院处理。

5. 鼻出血的处理

导致鼻出血的原因有很多，如外伤、某些全身性疾病、鼻黏膜干燥、鼻内异物等都可引起鼻出血。鼻出血的处理办法如下：

（1）一旦婴幼儿发生鼻出血，首先让孩子坐下，保持安静，并为他松开衣领、腰带，让他头稍向后仰。

（2）用拇指和食指紧紧地压住孩子的鼻翼，同时在额头或鼻梁处放上冷毛巾或冰块，一般压迫 5 ~ 10 min 即可止住。

（3）若出血较多或经常出鼻血，应去医院诊治。

第二部分　中级保育员

第五章

配制幼儿园常用的消毒液

一、学习目标

掌握配制常用消毒液的方法。

二、工作程序

幼儿园常用的消毒药品大都是含氯的消毒剂，其中 84 消毒液、漂白粉使用较为广泛，保育员应该学会根据说明书的配制浓度和配制计算公式，独自配制消毒液。

1. 消毒药液配制的计算

（1）以药物商品剂型为百分之百基数配制

配制计算公式：

所需原药量 = 欲配制数量 × 欲配制浓度

加水量 = 欲配制数量 – 所需原药量

例题 1 欲配制 5%的来苏儿溶液 50 kg，求需要来苏儿原药的量和加水量。

解： 50 × 5%=2.5（kg）

50–2.5=47.5（kg）

答： 需用 2.5 kg 来苏儿原药，加入 47.5 kg 水，即可配制成 5%的来苏儿溶液 50 kg。

（2）以所含实际有效成分为基数配制

配制计算公式：

所需原药量 = 欲配制数量 × 欲配制浓度 / 原药含量

加水量 = 欲配制数量 – 所需原药量

例题 2　将含量为 15%的过氧乙酸配制成 0.2%的溶液 150 kg，求需用 15%过氧乙酸的量和加水量。

解：150 × 0.2% /15% =2（kg）

150−2=148（kg）

答：需用含量为 15%的过氧乙酸 2 kg，再加入 148 kg 的水，即可配制成 0.2%的过氧乙酸溶液 150 kg。

（3）固体消毒品的配制

方法同（1）。一般先将所需药量计算好并称出后，放入有刻度的容器内，加水至所需配制数量即可。目前经常使用的固体消毒品是健之素等。

2. 消毒药液的配制方法举例

（1）配制漂白粉溶液

1）容量标准。使用量杯或量桶时，按照刻度掌握容量。使用普通容器时，要对容量作出估计。一只普通碗或玻璃杯 250 mL，约装 250 g 水；一只普通脸盆 5 000 mL，约装 5 kg 水；一只普通提水桶 10 000 mL，约装 10 kg 水；一汤勺约 10 mL。

2）计算。根据所需浓度，计算添水量和药量。

3）配制比例。1%的漂白粉溶液配制：100 g 漂白粉（约 10 汤勺）加水一普通提水桶。3%的漂白粉溶液配制：300 g 漂白粉（约 30 汤勺）加水一普通提水桶。0.5%的漂白粉溶液配制：50 g 漂白粉（约 5 汤勺）加水一普通提水桶。

（2）配制 84 消毒液

1）计算。根据使用说明，对餐具、毛巾、瓜果蔬菜等的消毒应使用浓度为 0.2%～0.5%的 84 消毒液，配制比例应为 1 ∶ 500 ～ 1 ∶ 200。根据消毒液配制计算公式和所要配制的 84 消毒液的容量，计算所需的药量和加水量。

2）配制。准备注射器、量杯和器皿，根据所要配制消毒液的容量准备好盆或桶后，用注射器或量杯准确量出药液，放置在盆或桶中；然后根据需要的水量，用量杯将水加入盆或桶中。

三、注意事项

无论使用何种消毒剂，保育员在配制、使用、放置等方面，既要注意自身的安全，又要严格按照使用说明和规定要求进行操作。同时，还应注意婴幼儿的安全，把消毒剂放在婴幼儿拿不到的地方。此外，消毒药品不同，其特点不同、配制方法不同，使用方法和注意事项也应有所不同。

1. 配制漂白粉溶液的注意事项

（1）漂白粉不能受潮，否则会结块，以至失效。

（2）配制漂白粉溶液时，应先在漂白粉中加入少量水，将其调成糊状，然后再加水搅匀。

（3）漂白粉溶液的使用期为 10 天左右，要避光、避热存放，以防失效。

2. 使用 84 消毒液的注意事项

使用 84 消毒液消毒后，被消毒过的物品必须再用清水冲洗，或用清水漂洗的抹布擦拭，将所残留在物品上的消毒液全部去除，以免婴幼儿中毒。

四、相关知识

日常的消毒对象和方法，见表 5-1。

表 5-1　日常的消毒对象和方法

消毒对象	消毒方法	消毒时间	消毒剂	备注
食具、水杯、毛巾、餐巾	1. 热力消毒：煮沸，蒸汽 2. 化学消毒	煮沸 15 ~ 30 min，蒸汽蒸 10 ~ 15 min，消毒剂浸泡 10 ~ 15 min	消毒剂要严格按照说明书的要求配制使用	消毒前需将食物残渣及油脂去净，消毒后需用流动的清水冲洗干净
餐桌	消毒剂滞留擦拭	10 min	过氧乙酸（消毒浓度 0.2%）	—
门把手、饮水龙头、洗手水龙头	消毒剂滞留擦拭	10 min		每天消毒一次
厕所、便器	消毒剂浸泡、消毒剂刷洗	—	其他	每天最少要消毒一次

注：消毒剂要使用有消毒卫生许可证书的合格产品，并严格按照说明书的要求进行配制和使用。

第六章

生活管理

第一节　晨、午、晚检与定期体检

第一单元　晨、午、晚检

一、学习目标

1. 掌握晨、午、晚检的方法，独立进行晨、午、晚检。
2. 能够配合保健医生进行体检。

二、工作程序

1. 日托幼儿园晨检

（1）日托幼儿园晨检方法

晨检的内容有：“一摸，二看，三问，四查”。

1）一摸。摸额头、颌下和腮部。检查额头时将手心放在孩子的前额，感受其前额的温度是否明显高于自己的手温，从而判断其是否发烧。摸颌下，将手指轻触下颌骨的下缘向下至颈部两侧，了解下颌部淋巴结是否肿大。摸腮部，了解孩子的腮部是否有肿大的现象。婴幼儿晨检触摸范围如图 6–1 所示。

2）二看。包括看孩子的精神状态、面色、咽部有无异常，皮肤有无皮疹及某些传染病的早期表现。发现可疑症状，应及时送医务室诊断。

3）三问。要向家长了解孩子在家中的饮食、睡眠和大小便等方面的情况。

4）四查。要查看孩子的衣兜内有无不安全的物品，避免发生意外事故。

（2）填写晨检记录表

晨检记录表，见表6–1。

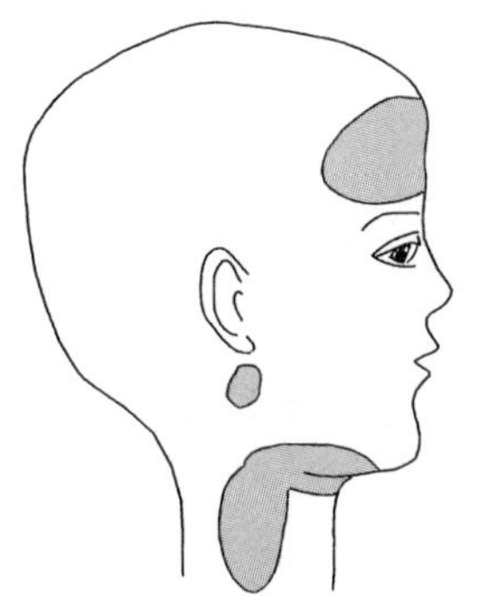

图6–1 婴幼儿晨检触摸范围

表6–1 晨检记录表

姓名	晨检结果	孩子在家中的健康状况	日期	记录人

（3）晨检后的其他工作

1）每日物品的保管。保育员在进行晨检后，帮助小班孩子、指导中大班孩子把外衣叠放整齐。保管孩子携带的玩具、食物，并做记录。记录孩子的药物和服药方法，同时将药物放到婴幼儿无法拿到的地方。

2）提醒孩子用盐水漱口。要求小口喝盐水，仰头，将水放在嗓子眼多振动几次，然后吐出。监督孩子认真漱口，避免其敷衍了事。

2. 整托幼儿园晨检

整托幼儿园的晨检是在孩子起床前进行的。保育员在做好起床准备后，可以与教师共同晨检。晨检的内容同样是“一摸，二看，三问，四查”，但在具体内容上与日托幼儿园略有区别。

（1）一摸

摸孩子的前额，判断体温是否正常；摸耳下是否肿大。

（2）二看

看面容、眼睛巩膜的颜色，看前胸、后背及大腿内侧是否有皮疹，观察呼吸的频率是否正常。

（3）三问

主动询问孩子是否有不舒服的地方。

（4）四查

检查床铺是否有流鼻血、尿床、遗粪等异常情况。若发现异常情况，应立即将孩子送往医务室。

三、注意事项

1. 在对婴幼儿进行检查时，保育员的手应温暖，动作要轻柔。
2. 对婴幼儿问话应态度温和、和蔼，简练、易懂。

四、相关知识

淋巴系统由淋巴管、淋巴结、脾和扁桃体组成。

1. 淋巴管

淋巴管是淋巴液流经的管道，全身各组织的细胞之间分布着许多细小的盲管，叫毛细淋巴管，它们逐渐汇合成越来越大的淋巴管。

2. 淋巴液

绝大多数组织液进入了毛细静脉，加入血液循环。只有少部分组织液进入了毛细淋巴管，这部分组织液被称为淋巴液，淋巴液进入淋巴循环。淋巴液的流动速度很慢，约为 1 mm/min。如果把血液循环称为大河奔流，那么淋巴循环就是涓涓细流了。

3. 淋巴结

在毛细淋巴管向心回流到静脉的过程中，会遇到许多膨大的淋巴结。淋巴结有过滤淋巴液、扣留和清除其中的微生物的作用。人体各处的淋巴结群，分别接受身体一定区域或器官回流的淋巴液。我们可以摸到的淋巴结群是处于人体浅表部位的淋巴结，它们在颈部、腋窝、腹股沟等处。左右腹股沟淋巴结群接受来自同侧下肢和下腹部回流的淋巴液，左右腋下淋巴结接受同侧上肢和同侧胸部回流的淋巴液，颈部、颌下淋巴结群接受头面部、口鼻部各器官回流的淋巴液。当某处淋巴结肿大时，往往是因为淋巴结所属区域或器官出现了病变。因此，观察淋巴结的状况，可以作为诊断疾病的参考。如颌下淋巴结肿大，则说明口腔、鼻腔或面部有病变。

4. 婴幼儿的腹式呼吸

见“国家职业技能等级认定培训教材——合编版”《保育员（基础知识）》的有关内容。

5. 婴幼儿脉搏的加快

见“国家职业技能等级认定培训教材——合编版”《保育员（基础知识）》的有关内容。

第二单元　定 期 体 检

一、学习目标

能独立对婴幼儿进行定期体检。

二、工作程序

对婴幼儿进行定期身体检查可以帮助保教人员了解他们的健康状况、生长发育情况，及早发现、治疗婴幼儿的疾病和身体缺陷，以保证他们健康地成长。常用的测查方法有：体重测量法、身高测量法和头围、胸围测量法等。

1. 体重的测量程序

（1）准备称重的工具

最大载质量为 50 kg 的杠杆秤。

1）熟悉秤的用法。读数、砝码、游锤或秤锤，秤的准确读数（最小刻度）为 50 g。

2）矫正杠杆秤的零点。测量前，把游锤放到“0”刻度上，杠杆应保持水平状态。否则，应该调节杠杆侧段的螺钉。

3）轻身、空腹。被测婴幼儿应尽量脱去鞋、帽和外衣，仅留衬衣和衬裤，排空大小便，这样测量的结果比较准确。

（2）测量体重

测量时，3 岁以下的婴儿可卧或坐于秤中，3 岁以上的幼儿站立于秤中，两手自然下垂。先将游锤移至与孩子体重相当的位置附近，称重时，迅速调整游锤至杠杆正中水平，准确记录显示的刻度数，以千克为单位，保留两位小数。

2. 身高的测量程序

3 岁以下的婴儿身高采用量床测量，3 岁以上的幼儿采用身高计测量。

（1）量床测量身长

采用卧位测量，且需要两人完成。

1）准备量床，并熟悉量床的使用方法。

2）脱去孩子鞋袜。

3）使孩子仰卧于量床底板中线上，身体伸直，背部、臀部、腿部靠测量板，头部由一位测量者（保健医生或教师、保育员）固定，两耳在一条水平线上，颅顶接触头板。

4）另一位测量者位于孩子的右侧，左手握住其双膝，使下肢伸直并紧贴于量床底板，右手移动足板，使足板接触孩子的足跟。

5）读量床上的刻度数，以厘米为单位，精确到小数点后一位数。

（2）身高仪测量身高

采用立位测量。

1）准备身高测量仪，也可以将皮尺或木尺固定在墙上测量身高。

2）让孩子站立于身高仪底板或靠墙站立，头部保持正直，双眼直视正前方，躯干自然挺直，两臂自然下垂。脚跟靠拢，足尖分开，脚跟、臀部和肩胛间三点靠在身高仪的立柱上。

3）测量者手持滑测板使之向下滑动，直到底板与颅顶点相接触，读滑测板底面立柱上所示数字，以厘米为单位，记录到小数点后一位。

三、注意事项

1. 测量体重

（1）环境要求：房间宽敞、明亮，恒温，地面平坦，避免对流风。

（2）测量工具性能良好、清洁。

（3）测量者的手应保持温暖。

（4）测量迅速，避免孩子受凉。

（5）测量时应尽量避免孩子身体的晃动。

（6）站立的位置以秤盘中间为宜。

（7）如室温过低，可不脱外衣，但应扣除衣服的质量。

2. 测量身高

（1）卧位测身高时，应使身体的中轴与测量板上的中线相重叠。

（2）测量者的动作要轻柔。

（3）两侧有标尺的测量板应注意两侧的读数是否一致。

（4）站姿测身高时，滑测板不应过分下压。

（5）孩子的站姿应自然，不可过分挺胸。

四、相关知识

婴幼儿生长发育的状况，可以通过身高（长）、体重、头围等形态指标进行评定，其中最为常用和重要的指标是身高（长）和体重。

1. 对身高（长）的粗略评价方法

（1）按身高（长）增长的倍数计算

婴儿出生时，身长约为 50 cm；1 岁时，身长是出生身长的 1.5 倍；4 岁时身高是出生身长的 2 倍。

（2）按身高（长）增长的速度计算

婴儿出生 1 ~ 6 个月时，平均每月身高（长）增长 2.5 cm，半岁时约为 65 cm；7 ~ 12 个月时，平均每月增长 1.5 cm，周岁时达 75 cm 左右；1 ~ 2 岁时共增长 10 cm，2 岁时达 85 cm 左右。

（3）按公式推算

2 岁以上婴幼儿可以根据年龄，计算出相应的身高（长）标准。2 岁以后每年平均增长 5 cm，所以婴幼儿身高（长）的计算公式为：年龄 ×5+75（cm）。例如，某幼儿 6 岁，其标准身高应为：6×5+75=105（cm）。

此公式可用于 12 岁以下的儿童，而青春期儿童身高增长过快，不能用此公式。

2. 对体重的粗略评价方法

（1）按体重增长的倍数进行计算

婴儿 6 个月时，体重为出生体重的 2 倍左右，1 岁时约为出生体重的 3 倍，2 岁时约为出生体重的 4 倍，3 岁时约为出生体重的 4.6 倍。

（2）按体重增长的速度进行计算

婴儿在出生后的 3 个月内，每周体重增加 190 ~ 200 g；出生后 3 ~ 6 个月每周增加 150 ~ 180 g；出生后 6 ~ 9 个月每周增加 90 ~ 120 g；出生后 9 ~ 12 个月每周增加 60 ~ 90 g。

（3）按公式推算

婴儿出生的体重按 3 000 g 计算。

1）6 个月以内的体重（g）= 出生体重 +600× 月龄。

2）7 个月至 1 岁的体重（g）= 出生体重 +500× 月龄。

3）2 ~ 7 岁的体重（kg）= 年龄 ×2+8。

例如，某幼儿 4 岁，其标准体重应为 4×2+8=16（kg）。

12 岁以后为青春发育期，此公式不能应用。

第二节　进餐管理

进餐可以满足婴幼儿摄取食物的生理需要，同时也能满足他们品尝美味的心理需求，为孩子创设一个清洁、安静、愉悦的进餐环境是保育员的职责。同时，进餐环节还担负着培养婴幼儿爱劳动和良好进餐习惯的任务，充分利用这一环节培养孩子的劳动意识和劳动能力，培养他们良好的进餐习惯，也是保育员的工作内容。保育员在进餐环节需要进行的具体工作有：餐前对值日生的准备工作进行指导，餐中向婴幼儿介绍饭菜的营养成分，对婴幼儿的进餐进行指导。

第一单元　指导餐前值日生的工作

一、学习目标

掌握餐前准备工作的要领，能指导值日生工作。

二、工作程序

对值日生的餐前准备工作指导是指对中、大班幼儿进行的，而托班和小班餐前的准备工作则需由保育员完成。餐前具体的指导工作包括餐前清洁卫生工作的指导和分发餐具的指导。

1. 餐前清洁卫生工作的指导

餐前的清洁卫生，主要是指餐桌的清洁卫生。

（1）保育员应该确定值日生，每次 2 名，由全班幼儿轮流承担。

（2）在进行餐前清洁卫生指导前，保育员应该首先做好准备工作，包括为每人准备一件清洁的工作服、2 块抹布和擦拭液。擦拭液可用洗涤剂溶液，也可用肥皂液（擦拭液以不刺激婴幼儿的皮肤为宜）。

（3）示范并讲解擦拭餐桌的全过程。餐桌需要擦拭两遍，第一名值日生用擦拭液擦拭第 1 遍，第二名值日生用清水擦拭第 2 遍。具体的擦拭方法是：先将抹布对折成长方形，然后进行擦拭。擦半张桌子翻一个面，擦一张桌子清洗一次抹布，抹布不能一擦到底。擦拭桌面可采用“几”字形擦拭法，如图 6–2 所示。

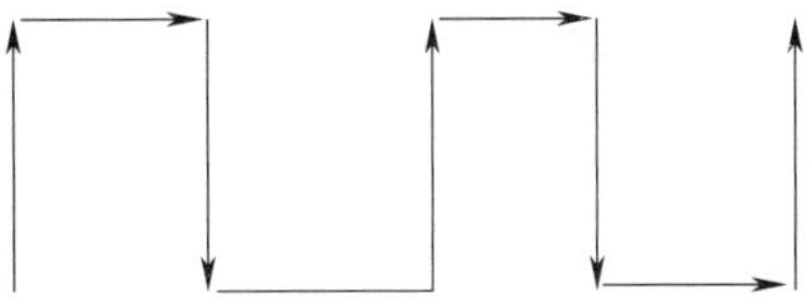

图 6–2 “几”字形擦拭法示意图

2. 分发餐具的指导

在分发餐具前 20 min，保育员应将餐具一摞一摞地准备好（一般 5 ~ 6 个为一摞），并提醒值日生在开饭前 15 min 左右将手洗干净。分发餐具时，值日生每次拿一摞或半摞碗或盘，按座位的次序发放，保证一人一碗一盘。碗的位置应对着椅子的中间，离桌边一拳（横拳）的距离。盘子应摆放在碗的前面。分发勺子和筷子时，手应捏在勺柄处或筷子的尾端，勺子或筷子应放在盘子上，摆放整齐。

三、注意事项

1. 保证抹布清洗干净。
2. 按擦拭顺序进行，避免漏擦。
3. 两位值日生只有相互配合，才能顺利完成任务。
4. 孩子在初学分发碗筷时动作笨拙，摆放不整齐，熟练后会出现求快、边做边玩、扔餐具、不按要求随意摆放的现象，所以，保育员要及时提醒值日生分发餐具应注意轻拿轻放、摆放整齐，掉落在地的餐具应及时由保育员清洗干净。

第二单元　促进婴幼儿的食欲

一、学习目标

掌握食物营养的介绍方法和增强婴幼儿食欲的方法，以鼓励婴幼儿进餐。

二、工作程序

现在的孩子家中经济条件一般都比较好，各种零食俱全，对日常三餐往往缺乏兴趣甚至厌食，每次饭菜端上桌，他们却食欲不旺。面对这样的孩子，保育员不应任其发展，而应从多方面想办法提高他们的食欲。一般可以从环境的创设、语言的提示、感官刺激等途径提高婴幼儿的食欲。

1. 做好进餐准备

保育员要为婴幼儿进餐做好环境的准备。如整洁、明亮的教室或餐室，摆放整齐的餐具，轻松悦耳的音乐等，为孩子进餐营造出良好的氛围。

2. 提高进餐兴趣

在饭菜端出来后，可采用猜谜的方式让孩子们猜测饭菜的名称，也可通过让他们嗅和看的办法来判断饭菜的内容，还可采用讲故事的方法引导孩子们产生对某种食物的想象。总之，保育员可以采用灵活多样的方法，引导婴幼儿关注进餐的内容，对进餐产生浓厚的兴趣，从而提高他们的食欲。

3. 鼓励婴幼儿进餐

保育员应能够使用富有感情色彩的语言、词汇向婴幼儿介绍饭菜的内容、名称及营养成分。保育员的语言和行为应具有感染性，对饭菜营养的解释应生动，能起到刺激感官、激发食欲的作用。应使用恰当的语言指导婴幼儿进餐，并以温和、平静、商量、随时准备帮忙的语气和行为，指导婴幼儿进餐，劝导他们继续进餐。如果指导用语粗暴、过于直截了当或使用批评的语气，以及态度冷漠、举止急促，都会影响婴幼儿的食欲。

4. 语言引导示例

（1）提高食欲的指导语

保育员可用愉快的表情和语气说："我最爱吃牛肉炖胡萝卜。"

保育员故意做几个深呼吸连声惊叹："好香呀，今天小朋友一定吃得又多又好。"

"啊！午饭太香了，香喷喷的大米饭，鸡蛋炒西红柿，肉末炒芹菜，有红、有白、有黄、有绿，真漂亮！"

保育员模仿兔子妈妈的口吻对小朋友们说："小兔子玩饿了，很想吃萝卜，我们看看今天的饭里有萝卜吗？太好了，有兔子们喜欢吃的红萝卜、白萝卜，太香了，兔妈妈都忍不住要吃了。"

（2）营养素的介绍

保育员和蔼地说："肉能让小朋友变得聪明，长高个，变漂亮。""带颜色的蔬菜，如红萝卜、西红柿、柿子椒等很有营养，能让小朋友眼睛明亮，皮肤白嫩，身体健康，不生病。"

（3）不恰当的指导语

在孩子们意犹未尽或尚未吃饱时，保育员说："你们还吃吗？不吃了吧！"

在孩子们吃饭的过程中保育员不停地说："某某今天有进步，吃得特别快，某某一直在边吃边玩，要不吃就别吃了。"

三、注意事项

1. 避免过于抽象

对食物营养成分的介绍应结合食物的外形、颜色，借助婴幼儿感兴趣的动画形象或他们心中的偶像，将食物的营养成分有声有色地介绍给孩子们。保育员的介绍要生动有趣，而不是单纯地说教。

2. 切忌不着边际

介绍食物营养成分的目的是提高婴幼儿对食物的兴趣，使他们产生强烈的进餐欲望。所以，保育员的介绍应有针对性，要针对当餐的食物进行解释，避免不着边际的胡乱想象，使与孩子摄食无关的中枢过度兴奋，造成食欲下降。

3. 应注意年龄特征和循序渐进

同样一种食物有不同的介绍方法，这要依婴幼儿的年龄而决定。对较小的孩子进行的营养介绍应浅显、直观，结合游戏活动进行。对较大的孩子进行的营养介绍应生动、直观，可结合孩子的想象，并渗透一定浅显的道理，使他们知道有关营养的粗浅知识。

四、相关知识

在进餐时，提高婴幼儿食欲是保育员工作的一项重要内容。

1. 食欲

食欲是由食物引起的兴奋。食欲的产生是生理因素和心理因素共同作用的结果。食欲一方面由生理刺激引起，即依靠食物进入消化道，引起消化道的蠕动和消化液的分泌；另一方面依靠心理的刺激，即食物的色香味和由此唤起的愉快的体验，两方面吻合时便产生了旺盛的食欲。

2. 影响婴幼儿食欲的因素

影响婴幼儿食欲的因素有很多，进餐环境会影响食欲，进餐时的情绪也会影响食欲，进餐时的身体状况、食物等同样会影响婴幼儿的食欲。

（1）进餐环境

餐室或教室窗明几净、温暖明亮、舒适美观、餐具清洁并摆放整齐、周围环境安静等因素，都有助于婴幼儿食欲的产生。在进餐时，为孩子们播放轻松的音乐，也能使婴幼儿放松情绪、增进食欲。相反，昏暗、拥挤、寒冷、肮脏、嘈杂、有陌生人或孩子不喜欢的人的环境，只会降低婴幼儿的食欲，影响他们进餐的情绪。

（2）进餐情绪

保育员应尽量使婴幼儿保持平静的情绪，避免过度刺激他们，引起情绪波动，降低他们的食欲。保育员的语言和情绪是婴幼儿情绪的一个影响因素，平静和蔼的声音、周到细致的问候都能起稳定孩子进餐情绪的作用，有助于他们产生旺盛的食欲。而保育员消极的情绪和与进餐无关的大声说笑都会影响婴幼儿进餐的情绪。另外，保育员应避免在婴幼儿进餐时批评他们，有问题可以在户外活动时间解决。同时，也不主张保育员催促婴幼儿吃饭或进行吃饭比赛，因为，在急急忙忙的进餐过程中，孩子会囫囵吞枣，导致对食物的咀嚼不充分，从而加重胃肠的负担，引起消化不良。另外，比赛吃饭会引起孩子情绪急躁，交感神经兴奋，消化道蠕动减慢，消化液分泌减少，影响孩子对食物的消化和吸收。另外，保育员在婴幼儿进餐时打扫卫生，也会影响他们的食欲，因此应尽量避免这种行为。

（3）进餐时婴幼儿的身体状况

婴幼儿身体的健康状况是影响其食欲的另一个因素。疾病中的孩子常常食欲很差，如患感冒、肠胃不适、服用药物等都会影响胃肠的功能，引起明显的食欲下降。运动会增加全身的消耗，促进胃肠的蠕动，有利于产生饥饿感。而不运动的孩子全身消耗少，容易出现食欲不良。

（4）食物的种类和味道

千篇一律的食物或食物味道不好，都会使婴幼儿食欲下降。食物种类丰富、形式多样、色香味俱全，会刺激婴幼儿的感官及摄食中枢，使婴幼儿产生旺盛的食欲。而食物的种类和做法恒久不变，会抑制摄食中枢，使婴幼儿对美食的期待逐渐减弱，对食物的兴趣减弱，最终导致食欲下降。

3. 提高婴幼儿食欲的方法

（1）使饮食多样化，注意食物的色香味形，以吸引婴幼儿进食。

（2）创设良好的进餐物质环境。

（3）使婴幼儿保持愉快、平静的进餐情绪。

（4）尽早教会婴幼儿自己动手吃饭，可以提高他们进餐的兴趣。

（5）科学而适当的体育锻炼，保证婴幼儿的健康，可以使其保持良好的食欲。

第三单元　指导婴幼儿进餐

一、学习目标

1. 能够指导大班幼儿自取食物。

2. 能够培养婴幼儿良好的进餐姿势。

二、工作程序

1. 指导大班孩子自取食物

在进餐过程中，保育员除了要能根据小、中班孩子的需要，及时给他们添加饭菜，还应能够指导大班孩子自己添加饭菜。独自添加饭菜不仅可以培养孩子的独立性，提高孩子自我服务的技能，还能起到提高食欲、增加进餐兴趣的作用。

（1）准备工作

自取食物的准备工作如下：

1）食物的准备。食堂准备种类丰富的主食和副食。

2）餐具的准备。保育员应多准备一些容纳食物的器皿和盛饭菜的餐具，包括清洁的盆或大盘子，每个器皿中放置一个不太大的公用勺子或夹子。

3）食物的放置。将不同种类的主食和副食分开放置。为了防止拥挤，食物器皿摆放的位置不应扎堆，同样的食物可以放置在两个器皿中，并放置在不同的位置上。

（2）进餐指导要求

1）基本要求。不拥挤，吃多少盛多少，少盛多添，不泼洒。

2）具体要求

①排队盛饭。指导孩子排队取饭菜，具体方法是：队伍排在餐盆的一侧，添加完食物后，从餐盆的另一侧离开。

②盛饭菜。要求孩子每次盛饭菜时，都要将自己的餐具放在靠近大饭盆和菜盘的桌子上，用公共餐具盛饭菜，每一种添一点，避免添加过多而造成浪费。

③盛汤。用公用汤勺将汤搅拌均匀，再盛在自己的碗中，碗中汤不应过满，以防泼洒，如图 6–3 所示。

④端饭菜。要求孩子两手将碗端平，眼睛既要看手中的碗避免泼洒，又要看路以躲开障碍物，回到自己的座位后，轻轻将碗放在桌子上。

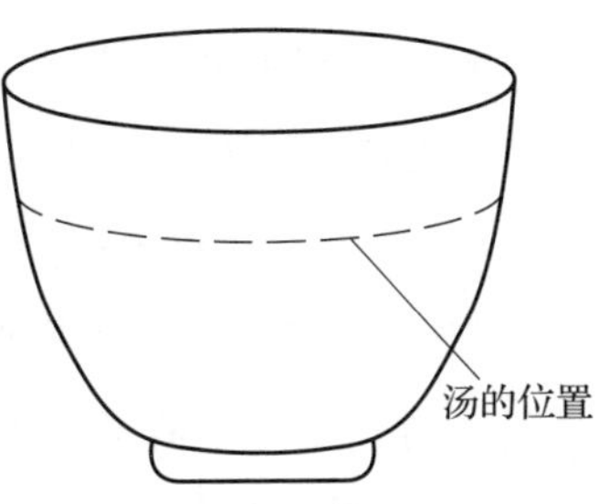

图 6–3　幼儿盛汤量示意图

2. 纠正不良的进餐姿势

良好的进餐行为不仅指旺盛的食欲，还包括进餐的文明行为习惯。进餐文明习惯不是一朝一夕形成的，它需要长期的训练和培养，而形成文明习惯的第一步则是培养良好的进餐姿势。进餐姿势是指进餐时的坐姿、使用各种餐具的正确方式、咀嚼的方式等，这些都需要保育员长期、细致的指导。

（1）坐姿指导

婴幼儿进餐时应把脚平放在地面上，身子可略微前倾，不向左、右倾斜，不弯腰，不耸肩，前臂可自然地放在餐桌的边缘处。

保育员应随时注意观察婴幼儿的进餐姿势，发现不良姿势要及时纠正。婴幼儿进餐中常见的不良姿势有：托腮，趴在餐桌上，身体倾斜倚靠餐桌，身体后仰靠在椅子背上，蹲坐在椅子上等。

（2）端碗的姿势指导

饭碗应放在距桌边 10 cm 处，左手扶碗，固定碗的位置，右手拿勺或筷子，如需将碗端起，则应双手端碗。

（3）用勺进餐指导

小班孩子大都已经掌握了用勺吃饭的方法，但 2 岁左右托儿班的孩子尚未学会使用勺子，还需要保育员细心的指导。此时，他们开始对自己吃饭有了兴趣，经常抢过勺子自己吃饭，保育员应该抓住这个时机，对他们进行训练和指导。

1）准备。应为婴幼儿准备细碎、容易用勺盛起的食物（通常是饭菜混合）以及小勺。

2）示范。保育员准备两把小勺，一把给孩子使用，一把留给自己。保育员先用自己的小勺模拟舀起一勺饭送入自己口中的过程，让孩子模仿。之后，鼓励孩子独自吃饭。由于孩子尚不能掌握这一技能，保育员应不断用自己的小勺喂孩子，以保证孩子吃好。

3）提醒。在指导过程中，保育员应该强调以下几点：其一，握住勺柄；其二，盛食物时勺子凹陷处应该朝上；其三，当小勺举到嘴边时，用眼睛看着食物，并张开口；其四，要咽下一口，再吃下一口。

4）要求。当孩子逐渐掌握了用勺吃饭的方法后，保育员应提出进一步的要求：其一，拿勺的姿势不能大把攥，拇指应与其他四指分开，捏住勺柄的两侧，手心朝上；其二，每一勺都不能盛得太多，以防泼洒；其三，一手拿勺，一手扶碗。

（4）使用筷子的指导

1）准备。短筷子，切成丝、条、块状易夹的食物。在孩子学会熟练地使用勺子吃饭后，到中班、大班年龄阶段的幼儿便可以学习使用筷子吃饭的技能了。

2）指导幼儿使用筷子的程序

①辨认筷子头部的形状，圆形为筷子头，另一端方形为筷子的尾部，告诉孩子用筷子的头部夹食物。

②指导孩子将筷子头放在前面，手应抓拿筷子的中后部，并将筷子头戳齐。

③一只手扶碗，另一只手拿筷子，通常使用右手拿筷子。用右手同时握住两根筷子，将两根筷子从大拇指和其余四指间穿过，外侧的一根筷子靠在食指和中指之间，内侧的一根筷子靠在无名指和小指上，中指放在两根筷子的中间，拇指搭在两根筷子的中间偏上部，靠中指和食指夹住上面的筷子，上下夹动。

（5）正确咀嚼食物的指导

正确的咀嚼方法对婴幼儿十分重要，它不仅能促进消化系统的机能，有利于颌骨的发育，还能形成良好的餐桌文明习惯。但婴幼儿在进餐过程中，由于得不到成人的指导而形成了许多不良的咀嚼习惯。有些较小的孩子用切牙咀嚼食物，致使吃饭速度极其缓慢；有些孩子进餐速度过快，虽能够使用槽牙咀嚼食物，但咀嚼不彻底，囫囵吞枣；有些孩子在上一口食物还未咽下时，就添另一口食物；还有的孩子用单侧牙咀嚼，使两侧颌骨发育不对称等。保育员在指导婴幼儿进餐中，应注意观察咀嚼的方式，及时对婴幼儿进行指导。

1）要求婴幼儿吃每一口食物时都不能过多。

2）要闭口咀嚼。

3）一口一口地吃，细嚼慢咽，一口咽下后，再吃另一口。

4）口中食物过干时，可喝一口稀的食物。

三、注意事项

1. 自取食物

（1）排队添加饭菜不扎堆。

（2）盛饭应避免挑挑拣拣。

（3）用公用的餐勺取饭菜，不用手抓，不用自己的餐具从公用餐盆中盛饭菜。

2. 指导婴幼儿使用勺子

（1）以鼓励、表扬为主。

（2）婴幼儿初学用勺子吃饭时，不要过分强调抓握姿势。

（3）初学进餐时，婴幼儿会弄脏自己的衣服和周围的环境，保育员要宽容、有耐心，不要批评他们。

（4）不限制婴幼儿使用左右手。婴幼儿进餐中用哪只手拿勺，应以其习惯的优势手为标准，若出现婴幼儿在进餐中一只手疲劳后，改用另一只手，不要予以限制。

（5）进餐中婴幼儿会出现用手抓饭菜的现象，保育员不应限制，否则会影响孩子的食欲。

3. 指导幼儿使用筷子

保育员对幼儿使用筷子的训练应注意以下几点：

（1）应坚持鼓励为主的原则

幼儿初学使用筷子时动作不太规范，速度过慢，而且食物撒得四处皆是，保育员对此要有耐心，不急躁、不批评，以鼓励为主，及时发现孩子的进步，并及时加以表扬。

（2）应允许孩子的动作不规范

幼儿初学使用筷子时，上肢甚至躯干都处于紧张状态，且用全身使劲，动作会笨拙、不协调、不规范，在短时间内无法达到要求。在这一阶段，幼儿经常出现的不规范动作有：

1）类似使用勺子的动作。五个手指始终处于一个位置，相互不能配合，两根筷子并列在一起，不能夹动食物，只能像使用勺子似的挑起食物或直接将食物扒拉到嘴里。

2）手捏筷子的位置靠下。初学者手捏筷子的位置常常靠下，熟练后会逐渐上升。保育员应允许孩子出现不规范动作，不要过度纠正，以免影响孩子的食欲。有些孩子不喜欢使用筷子，保育员可允许他们用勺子，并注意加强他们手部肌肉的训练，逐渐教其学会并喜欢使用筷子。

（3）在游戏活动中加强使用筷子的训练

在平时的游戏活动中，保育员应组织有助于锻炼手部肌肉力量和手指灵活性的活动，常见的活动有用筷子夹豆子等，以提高幼儿使用筷子的技巧。

第三节　盥洗照护

第一单元　指导婴幼儿的盥洗

盥洗是婴幼儿生活的一个重要环节，可使婴幼儿毛发、皮肤保持清洁，保持皮肤正常功能的发挥，减少皮肤被汗液、皮脂、灰尘污染的机会，提高皮肤的抵抗力，维护身体的健康。同时还可以培养婴幼儿爱清洁、讲卫生的好习惯，提高他们的生活自理能力。幼儿园的盥洗内容包括洗手、洗脸、漱口、刷牙、洗澡、洗脚、梳头等，在日托幼儿园的日常盥洗内容中，洗手、洗脸、刷牙、漱口、梳头是最常见的，这些盥洗内容的指导工作也是最需要保育员掌握的。

一、学习目标

能够指导不同年龄班的婴幼儿盥洗。

二、工作程序

1. 洗手

（1）洗手的准备

盥洗室地面保持清洁、干爽，防止孩子滑倒。将水池前的地面铺上渗水地垫；如果水池高度超过孩子的肘关节，应将水池前的地面垫高，防止洗手水灌入孩子的袖管。准备若干块肥皂（数量与水龙头数相同），为每一位孩子准备一条小方毛巾，并挂在固定的地方。

（2）洗手的程序

1）指导孩子卷衣袖或撸衣袖。

2）轻轻拧开水龙头，水流不能太大。

3）将手心、手背、手腕浸湿，然后打肥皂，最好搓出泡沫，使手心、手背、手指缝都被肥皂液洗到。打肥皂的方法是：一手拿肥皂，在另一只手上涂抹，先涂抹手心，然后涂抹手背，之后换手拿肥皂，动作相同。为了防止肥皂从孩子的手中滑落，保育员应将肥皂放在一个网袋中，将网袋的一端固定在水管或墙壁上。搓洗手的方法是：先两手手心对搓，搓出泡沫后，右手搓左手手背，左手搓右手手背；左手握住右手手腕转圈搓，搓到手掌再到手指尖，然后左右手交换动作；最后，两手五指分开，手指交叉洗手指缝。

4）用清水把泡沫冲洗干净，关好水龙头。

5）用毛巾将手擦干。

2. 洗脸

（1）洗脸的准备

毛巾、肥皂的准备与洗手相同。此外，保育员还应将卫生纸放在孩子容易拿到的地方，以方便孩子擤鼻涕。

（2）洗脸的程序

1）保育员提醒孩子擤鼻涕。

2）将毛巾浸湿拧干。

3）洗脸的顺序：先用毛巾擦里、外眼角，然后擦前额、脸颊、鼻孔下方、口周、下巴、脖子及耳朵，具体操作步骤如下：

①擦拭眼睛。要求孩子将眼睛闭上，里眼角向里擦，外眼角向外擦，然后反复横向擦拭。

②擦拭嘴。要求孩子先张口擦两边嘴角，然后闭上嘴巴，擦嘴唇，最后用毛巾在口周擦拭一圈。

③擦拭鼻部。要求孩子用毛巾擦拭鼻孔边缘，再反复擦眼睛、鼻子和嘴的周围。

④擦拭面部。保育员指导孩子用毛巾反复在前额、面颊和下巴处划大圈，将面部清洁干净。

⑤擦拭耳朵。保育员指导孩子用毛巾先擦耳朵眼，再擦耳郭，最后擦耳郭的背侧。

⑥擦拭脖子。保育员指导孩子先擦脖子的两侧，再擦脖子的前边，最后擦脖子的后面。

前额、眼角、鼻孔、口周、下巴等处是孩子洗脸时经常被遗忘的地方，保育员应及时提醒他们。

4）其间应清洗毛巾 1 ~ 2 次，以保证毛巾的清洁。

5）冬季洗脸后应搽润肤油，以保护孩子的皮肤。

3. 漱口刷牙

孩子 2 岁左右可以学习漱口，3 岁左右学习刷牙。

（1）漱口刷牙的准备

牙杯、儿童牙膏及儿童保健牙刷。儿童保健牙刷的标准是：牙刷头小，刷毛较柔软，只有两排刷毛。儿童牙膏应选用含氟牙膏。

（2）漱口刷牙的程序

1）冲洗牙杯和牙刷，将牙杯接满清水。

2）漱口。口中含一口水，不能咽下，而是用力鼓腮，做“咕嘟”的动作，用水把粘在牙齿表面和间隙的食物残渣冲洗掉，然后吐出漱口水。

3）挤牙膏。双手持牙膏缓慢地用力挤压，待牙膏挤出黄豆粒大小后，拿起牙刷，将牙膏涂在牙刷上。

4）刷牙的原则是顺着牙缝竖刷。除上下磨牙的牙冠需要横刷外，其余所有的牙齿无论是牙的外表面还是内面都应顺着牙缝竖刷。当然，在刷牙的内侧时需要掏着刷，而且需要反复刷。每次刷牙的时间不能少于 3 min。

5）冲洗牙刷。将牙刷在牙杯里反复振荡，并用水将牙刷洗涮干净。

6）将牙刷头朝上放入牙杯，以便风干。

4. 洗澡

（1）为较小孩子洗盆浴

1）盆浴的准备。保育员应该保证婴幼儿的浴室温暖，并准备大小、深度适宜和清洁的澡盆，柔软的小毛巾和大浴巾，婴儿肥皂，婴儿洗涤用品，干净的洗澡玩具等。此外，应调试水温适宜的洗澡水，在给孩子洗澡前摘掉手上的饰物，同时将手清洗干净。

2）盆浴的程序

①孩子穿衬衣衬裤进入浴室。

②给孩子洗头，其步骤如下：将孩子抱起仰面朝上，或让其站立弯腰低头；用小毛巾将其头发浸湿；涂抹婴儿洗发液，搓出泡沫，用手指肚轻轻按揉孩子的头皮；将孩子的头发用清水冲洗干净；用干毛巾擦拭孩子的头发。

3）拉着孩子的手或抱孩子进入洗澡盆。

4）在孩子对水温等情况适应后，开始为孩子洗澡，步骤如下：

①洗脸。

②在全身浸湿后，为孩子涂抹沐浴液或肥皂，顺序为自上而下：颈→前胸→后背→上肢→下肢。应注意皮肤重叠、有褶皱的部位要洗净，如脖子、腋下、大腿跟、外阴等处。

③用清水洗掉泡沫。

④将孩子用大浴巾包裹起来，并将身体上的水擦干。

⑤迅速给孩子穿上干净的衣服。

（2）为较大孩子洗淋浴

1）淋浴的准备。保育员在孩子洗澡前为他们准备：温暖的洗澡间，温度适宜的淋浴水，毛巾、浴巾、肥皂或洗发水、浴液以及更换的衣服。

2）淋浴的程序

①指导和帮助孩子脱衣服，并将衣服叠整齐或按顺序挂在挂钩上，袜子放在鞋子里，穿拖鞋进入洗澡间。

②洗澡的顺序：洗头→洗脖子→洗上身→洗下身→洗脚。

先将身体淋湿，然后将浴液和肥皂抹在身上，直至抹出肥皂泡，最后将身体冲洗干净。

③对较大幼儿，应学会配合保育员给自己洗澡。具体要求如下：在保育员给孩子洗头时，提醒孩子闭眼、弯腰、低头，防止肥皂水进入眼睛。洗身体时，提醒孩子抬头、抬胳膊、转身、抬腿等。

④提醒孩子认真清洗身体的一些细部（如脖子、腋下、腹股沟、腘窝、脚踝部等），避免遗漏。

⑤及时处理肥皂眯眼、孩子滑倒、水温不稳定等问题，具体要求如下。

防止肥皂眯眼：要求孩子在肥皂眯眼时闭上眼睛，不要用手揉眼睛，并马上找保育员来帮助。保育员应及时用毛巾擦净孩子头上淌下的肥皂水和眼睛周围的肥皂沫，然后让孩子微闭双眼，用清水冲洗双眼，直至眼睛舒服为止。

防止滑倒：为了防止孩子在洗澡时脚下打滑，保育员应想办法降低地面的光滑度，可以铺渗水防滑垫或大毛巾，同时在周围的墙壁或水管上安装高度适于孩子抓握的扶手。此外，保育员为孩子洗澡的动作应轻柔，避免用力过猛使孩子摔倒。保育员还应教育孩子不在洗澡间打闹，防止滑倒和摔伤。

调节水温：幼儿园的洗澡水温度应该保持恒定，不凉不烫。如果在洗澡过程中水温出现变化，保育员应能够迅速地调节，在调节水温时，应先开凉水，再逐渐开热水，防止孩子被烫伤。

5. 洗脚

（1）准备清洁的洗脚盆和擦脚毛巾，温度合适的水、肥皂、小椅子。

（2）先要求孩子坐在椅子上，将脚浸入水中。然后，依次洗左右脚，把肥皂抹在脚上，用手抹匀，搓出泡沫，着重洗脚趾缝、脚掌和脚面。将脚上的肥皂洗去。

（3）用干净的毛巾擦脚，方法是将毛巾摊开放在一只手上，另一只手抓握孩子的脚，把毛巾完全覆盖在脚上擦拭，注意将脚趾缝擦干，最后穿上拖鞋。

6. 洗屁股

（1）给每个孩子准备好一个专用水盆、温水和清洁的专用小方毛巾。

（2）将毛巾浸入盆中。

（3）将毛巾略拧一下，对折。

（4）从前向后擦屁股，共擦三次。每擦一次后要将毛巾对折一次，擦第二次后，保育员负责清洗小毛巾，再对折，擦最后一遍。

（5）将脏毛巾放在固定的盆中，由保育员负责清洗和消毒。

三、注意事项

盥洗行为十分细致琐碎，婴幼儿对盥洗技能的掌握十分不容易，在每次盥洗中都可能会出现意想不到的事情。保育员需要掌握婴幼儿的盥洗特点，在他们出现困难或敷衍时，要给予帮助和提醒。

1. 洗手

洗手应使用流动水。洗手时要求孩子双手略向下，避免水顺着手臂倒流而弄湿衣袖。冬天洗手后应搽润肤油。教育孩子认真洗，不玩水，不敷衍。

2. 洗脸

（1）要使用流动水给孩子洗脸。

（2）应提醒孩子在洗脸前要擤鼻涕。

（3）应提醒孩子擦洗眼睛时闭上双眼，动作要轻柔。

（4）及时提醒孩子，防止脸部其他部位被遗漏。婴幼儿认为自己的脸是一个平面，没有厚度，所以每次洗脸时只洗正面，而遗漏脸颊和下巴。也有的孩子洗脸时经常忘记洗耳朵，或只洗一侧耳朵。因此应采用画圈洗脸的方法，可以避免漏洗的现象。当然保育员要善于观察，及时发现、及时提醒，使婴幼儿逐渐学会洗脸。

3. 刷牙

（1）婴幼儿在练习刷牙阶段可以暂不使用牙膏。初学刷牙可由保育员帮助挤牙膏，中班孩子应学习从后向前挤牙膏。

（2）保育员和家长应督促孩子认真刷牙，尤其是牙的内侧更要注意。

（3）保持牙刷的清洁和干燥。

4. 洗澡

（1）婴幼儿集体洗澡时，要注意安全。

（2）保育员在指导婴幼儿洗澡过程中，应注意防止肥皂液和水进入他们的眼睛、耳朵。

（3）保育员应在婴幼儿洗澡过程中给予及时的帮助。婴幼儿在独立洗澡过程中会遇到许多困难，如忽略身体某些细节部位，后脖子、后背等部位够不到，洗澡结束不能及时擦干身上的水，导致身体受凉等，这些都需保育员及时提醒和帮助。

5. 洗脚

（1）要求孩子坐稳。

（2）在洗脚过程中，将洗完的一只脚暂放在盆里，再洗另一只脚。

（3）洗脚后应将脚趾缝擦干。

6. 洗屁股

（1）为婴幼儿准备一人一盆和清洁的毛巾。

（2）男孩也应洗屁股。

（3）洗屁股前应提醒孩子卷袖子、脱裤子，以免弄湿衣服。

（4）注意孩子洗屁股的方向，即从前向后洗。

（5）提醒孩子每擦一下屁股对折一次毛巾，防止用毛巾的一面反复擦。

7. 洗澡

（1）洗盆浴时保育员应该随时调节水温，避免孩子着凉。

（2）孩子进入洗澡盆后可能会出现恐惧的情绪，因此，应该允许孩子玩洗澡玩具，以解除紧张、恐惧的心理，待孩子情绪稳定后再给孩子洗澡。

（3）保育员抱孩子仰面洗头时，孩子的头部应向下倾斜，水流不应过大，避免水流进入孩子的耳朵和眼睛。如眼睛里进了肥皂水，应立即洗净。

四、相关知识

婴幼儿学会独立盥洗十分重要。盥洗不仅可以培养婴幼儿的自理能力和独立性，还能培养其做事的条理性和爱清洁的好习惯。尽管使婴幼儿养成盥洗的习惯、掌握盥洗技能很不容易，但保育员仍应有目的、有计划、遵照一定的原则，对不同年龄班的婴幼儿进行盥洗训练和指导，以便婴幼儿熟练掌握盥洗技能，形成自觉盥洗的习惯。

保育员指导婴幼儿盥洗的原则如下：

1. 应放手让婴幼儿练习盥洗

保育员不要认为婴幼儿自己洗不干净就取而代之，包办代替。这样做的结果不仅会使婴幼儿形成依赖他人的习惯，而且会养成独立性差、自我服务能力低的毛病。因此，保育员应放手让婴幼儿去练习盥洗。

2. 应持之以恒地进行指导

任何一项盥洗内容都包括许多步骤，只有反复练习，婴幼儿才会熟练掌握，并形成习惯。因为婴幼儿各方面的能力均较低，所以需要保育员对他们进行耐心的指导；另外，孩子们经常以游戏的心理或敷衍的心态进行每日的盥洗，往往会洗不干净。所以，那种指望通过一次指导便可以一劳永逸的思想是不可取的。保育员必须对婴幼儿进行反复的、持之以恒的指导和训练，才能取得较好的效果。

3. 应实行因材施教

对不同年龄的婴幼儿进行盥洗指导的内容和方法应各有不同。通常，对小班及更小的孩子以保育员全程帮助为主，在小班的后期保育员可以在部分简单的环节放手让孩子独立完成，孩子难以完成的环节由保育员帮助完成。保育员应该指导中班阶段的孩子学会大多数盥洗技能的操作，并在每日的盥洗环节指导孩子练习。对中班后期及大班阶段孩子的盥洗指导，应侧重于困难环节的个别帮助，对孩子的盥洗进行监督和检查。需要保育员帮助的环节有：帮助小班孩子挤牙膏、打肥皂，帮助各年龄的孩子在洗脸时洗脖子的背侧，在洗澡时洗、擦身体的背侧，提醒孩子擦脸应将脸颊擦干、洗手要洗手指缝等。

第二单元　培养婴幼儿的清洁习惯

一、学习目标

能够培养婴幼儿爱清洁的习惯。

二、工作程序

培养婴幼儿爱清洁的好习惯，就是要使婴幼儿养成脏了就洗和保持清洁的习惯。手部更应做到脏了就洗，每天需清洗若干次。洗头、洗澡则不同，要根据天气及家庭、幼儿园的具体情况而定，在天气寒冷的季节，可以间隔 3 天或 1 周的时间洗一次澡；在天气温暖的季节，可以组织婴幼儿每天洗澡。

1. 培养婴幼儿勤洗手的习惯。从孩子非常小的时候起，成人就应该在孩子外出归来、解大小便前后、吃食物和喝水前后给他们洗手，还要养成手脏了就洗的习惯。进入幼儿园后，保育员应该在初期帮助或提醒孩子及时洗手。在孩子学会洗手后，保育员应该注意监督、检查孩子洗手的过程，保证他们洗手的质量，防止他们边洗边玩，敷衍了事。

2. 培养婴幼儿每天清洗身体裸露的部位和洗脚、洗脚腕、洗屁股的习惯。幼儿园和家庭应该相互配合，每天睡眠前、起床后，保育员或家长应该督促孩子盥洗，长期坚持，形成习惯。

3. 培养婴幼儿饭后漱口和早晚刷牙的习惯。

4. 培养婴幼儿经常洗头、洗澡、换衣的习惯。洗头、洗澡比较麻烦，有些孩子害怕水，拒绝洗澡，有些孩子喜欢玩水，进入洗澡盆只玩不洗，使清洁身体的工作十分困难。因此，保育员或家长都应有充分的耐心，帮助孩子形成清洁身体的习惯。

5. 培养婴幼儿勤剪指甲（趾甲）、男孩勤剪头发的习惯。每星期给孩子剪一次手指甲。手指甲应剪成圆弧形，不要剪得过短，避免引起手指疼痛。每两星期剪一次脚指甲，脚指甲应剪成直线形。剪头发时不要过度限制孩子的行动，不要批评、恐吓他们，否则容易形成“护头”（拒绝剪头）的习惯。

第四节　预防婴幼儿睡眠中遗尿

一、学习目标

掌握婴幼儿睡眠中的排尿规律，能提醒婴幼儿排尿。

二、工作程序

各年龄班的婴幼儿都存在着不同程度的尿床现象，有的是经常尿床，有的是偶尔尿床。保育员应该注意观察，发现规律，及时提醒孩子睡眠中起床排尿，防止遗尿。

1. 观察与记录

（1）记录尿床幼儿的名单

初次接触一个班，保育员应在孩子起床后检查他们的床铺，了解他们是否遗尿，记录尿床孩子的名单。当然，对尿床的确认不能通过一次观察记录就可以完成，有些孩子属于长期尿床，有些孩子属于偶尔尿床，需要对他们进行甄别。

（2）推测和记录尿床的时间

保育员可以采用“渐进推测法”判断孩子尿床的具体时间。午睡推断尿床时间的操作方法如下：根据孩子在喝饮料后 20 ~ 40 min 排尿的规律，保育员在孩子上床后 40 min 检查有尿床历史的孩子是否已经尿床。将手伸进孩子的被子里，摸孩子身体下面是否有尿湿的情况。将已经尿床的孩子记录下来，并记录检查的时间，对还没有尿床的孩子每隔一段时间检查一次，以便确定孩子尿床的具体时间。根据累计多日的睡眠排尿观察记录，确定唤醒孩子的时间。

（3）记录当天中午和晚餐的膳食情况

着重记录孩子中午和晚上的喝汤量及饮水量。另外，在晨检时向家长了解孩子夜间的睡眠情况、前一天晚上家庭及孩子的情况，孩子入园的心情等。

2. 准备干净的衣物被褥

提醒家长为尿床的孩子准备备用的衣物和被褥。在孩子入睡后将衣物等摆放在孩子床的附近，以便及时更换。

3. 及时提醒和唤醒婴幼儿排尿

根据观察记录，及时唤醒有尿床习惯的孩子排尿，防止孩子尿床。每晚上床前提醒一次，入睡前再提醒一次；之后，每隔 2 ~ 3 h 唤醒孩子排尿。中午唤醒排尿的时间可在孩子入睡后 40 min 左右进行。同时配合对孩子睡眠现象的观察，若发现孩子睡眠中出现翻来覆去、睡眠不实等憋尿现象，应及时唤醒排尿。

4. 发现尿床及时更换衣被

保育员发现孩子尿床后应及时唤醒他更换衣被，因为被尿湿的衣服、被褥会让孩子感到很不舒服，而且容易引起着凉。唤醒孩子的态度要温和、平静，声音轻柔，给孩子更换衣服和被褥的动作应该迅速、熟练，同时为孩子安排好舒适、温暖、干爽的卧具，并安慰孩子迅速入睡。

5. 做好与家长的配合工作

发现孩子尿床后应与家长取得联系，了解孩子在家中的活动量、睡眠、饮食量等情况，共同分析造成尿床的原因。要求家长准备更换的衣物，与家长配合共同矫正孩子尿床的习惯。矫正的方法有：限制傍晚的饮水量，选择适宜的晚餐，保证孩子的睡眠时间，保证孩子白天不过度疲劳，减轻孩子对尿床的精神负担，掌握孩子的排尿规律，及时唤醒他们排尿。

三、注意事项

1. 保育员检查婴幼儿是否尿床时，手的温度应温暖，切忌冰凉刺激孩子。

2. 要在孩子睡眠中提醒其排尿，必须首先唤醒孩子。因为排尿是受意识控制的条件反射，是在大脑皮层控制下进行的，只有在孩子觉醒的状态下才能意识到尿意，也只有在这种状态下才能对排尿进行控制。如果保育员在孩子睡眠过程中将孩子抱起放在便盆上，并发出婴幼儿熟悉的排尿信号，有些孩子虽然也会排尿，但这种排尿是在睡眠过程中的无意识状态下进行的，虽然没有排尿在床上，但也属于尿床。因此，唤醒孩子排尿很重要。如果经常在未被唤醒的状态下排尿，那么一旦保育员叫尿的时间稍晚一些，那么他就会将尿尿在床上。

3. 不要让婴幼儿因尿床而有精神负担。婴幼儿的紧张、害怕、担心都会使他们尿床的现象加重，所以，成人对婴幼儿尿床的态度十分重要。孩子尿床后，保育员和家长不应责备他们，而应表现出无所谓的态度。平时保育员与家长谈论孩子尿床的事情，应避开孩子。

四、相关知识

幼儿在 5 岁后仍不能控制排尿，经常在白天和夜间反复不自主地排尿，称为遗尿症。尿液产生后流经输尿管进入膀胱，当膀胱储存尿液达到一定量时，膀胱壁压力感受器就会兴奋，兴奋沿盆神经传到脊髓骶部的低级排尿中枢，同时向大脑皮层传达信息，从而产生尿意。如果环境条件不许可排尿，大脑皮层就会抑制尿意，直至环境许可才解除抑制。这种由意识控制排尿的活动，需要大脑皮层成熟到一定程度才能完成，也需要学习和训练。一般婴儿两三岁就可以自行控制排尿，白天不尿裤，夜间有尿意而醒来排尿，但偶尔也有尿床的现象。

1. 婴幼儿遗尿的原因

（1）由于精神紧张而引起的大脑皮层功能失调，如精神受到创伤，突然受到惊吓，对环境的改变不适应，教养方式不正确等。

（2）没有养成良好的排尿习惯。

（3）白天过度疲劳引起夜间睡眠过深。

（4）躯体有疾病，如蛲虫病、膀胱炎、糖尿病等。

2. 婴幼儿遗尿症的预防和矫正

（1）唤醒排尿

掌握孩子夜间排尿的时间，提前唤醒孩子起床，也可利用闹铃或电铃－褥垫装置，在孩子排尿前将其唤醒，使膀胱的充盈与铃声的唤醒同时出现，经多次重复后，孩子形成条件反射，膀胱的充盈就可唤醒孩子。

（2）避免过度疲劳

幼儿园应该建立和执行合理的生活制度，劳逸结合，避免婴幼儿过度疲劳和睡眠前过度兴奋，保证睡眠质量。

（3）控制饮水量

晚饭应清淡，晚上控制孩子的饮水量，少吃稀的食物，可减少排尿量。

（4）消除导致婴幼儿精神紧张不安的因素

保育员不要批评、挖苦遗尿的孩子，应帮助他们树立克服遗尿的信心，做好遗尿的预防和矫正工作。

（5）进行行为治疗和药物治疗

必要时，须进行行为治疗和药物治疗。

第七章

配合教育活动

第一节　配合室内教育活动

中级保育员配合室内教育活动的工作内容，主要是在完成初级保育员工作职责的基础上，能够参加婴幼儿部分游戏和教学活动，能够制作玩具、教具，能够对保育工作进行专题总结，能够帮助和指导个别孩子参与活动等。

第一单元　参加婴幼儿的部分游戏和教学活动

一、学习目标

1. 明确保育员参与部分游戏和教学活动的意义。
2. 明确组织婴幼儿游戏和教学活动的程序及主要内容。
3. 掌握参与婴幼儿游戏和教学活动的时机、方法和手段。

二、工作程序

1. 做好前期教学准备工作

了解本班孩子的特点、水平、需要等实际情况，做好前期的教学准备。保育员在平时的工作中要养成良好的观察习惯，并随时把观察到的孩子的实际发展情况记录在案，做到对本班每一个孩子的发展特点、水平和发展需要了然于胸，使自己在参与孩子的活动时能够有针对性地实施正确的教育影响，促进孩子的发展。

2. 明确不同种类活动的目标、内容和指导要求

（1）幼儿园安排婴幼儿从事的各种活动都有其特定的教育目标。保育员在平时的工作中，应该有意识地了解这些活动的意义和教育目的，明确其在婴幼儿发展中的作用，掌握主要的活动内容和指导要点，从而使自己能够娴熟地协助教师开展各种教学活动，完成教学任务。

（2）在参与具体的某项活动前，保育员应与本班教师进行充分的沟通，了解本次活动的具体教学目标，掌握婴幼儿通过活动在发展方面应该达到的水平，以及在指导婴幼儿活动过程中应该注意的问题，使自己在参与教育活动过程中的教育行为能够做到正确、及时、有效。例如，某小班保育员按教师的要求参加幼儿活动区中的“娃娃家”活动。保育员通过观察，发现这个“家里”的“父母”太粗心了，总是倒着抱“孩子”，不高兴了还把“孩子”往别人怀里扔。针对这种情况，保育员决定以“孩子”姥姥的身份进入娃娃“家”，通过轻手轻脚地抱“孩子”，轻言轻语地与“孩子”说话等行为，给“孩子”的“父母”做出了应该如何当“长辈”的良好榜样，帮助孩子理解了所扮演角色的责任和行为，取得了很好的教育效果。

3. 具体教学过程

在活动的过程中，保育员应善于根据婴幼儿的不同情况和教师的不同要求，采取灵活机动的方式，发现问题及时向教师汇报、请示，以保证活动能够顺利地进行。例如，某小班保育员在按教师的要求参加孩子的分组活动——画五官时，发现本组有的孩子不按教师的要求把五官画在准备好的人脸图上，而是把眼睛、鼻子等所有的器官都挤在了一起，画好后自己不喜欢，就把纸扔在了一边。这时保育员拿来一面镜子对他说：“看着你的眼睛和鼻子再画一张吧，我相信你一定能画好……”事后保育员把这件事向教师作了汇报，通过沟通，教师肯定了保育员的做法，并达成了下一次让孩子再画画时应该先让其仔细观察的共识。

三、注意事项

1. 保育员要树立正确的角色意识，把参与教育婴幼儿的活动看成是自己必须做好的工作；高度重视在参与婴幼儿活动的过程中对婴幼儿的随机教育，促进婴幼儿的发展。

2. 保育员在参与婴幼儿活动时，不要急于干涉，而是要善于观察孩子的活动情况，把握好介入活动的时机，适时、适当指导。

例如，某保育员看到一个小班儿童在用积木叠罗汉，搭到高处时积木倒了，孩子看到后哈哈大笑，又拿起积木搭了起来，这时保育员走过去说："我和你一起搭一个大高楼好吗？"孩子点点头，但却不再笑了。保育员在这时进行指导和帮助，就是没掌握好时机，客观上干扰了孩子的活动。正确的做法是在这种情况下不去干扰孩子的活动，允许孩子有机会自己去尝试，让他在重复搭建的过程中锻炼搭积木的技能，并感受到玩积木的快乐。因此，正确把握介入婴幼儿活动的时机是保育员在参与孩子活动时必须要掌握的技能之一。

3. 注意与教师和家长的沟通，对教育问题达成共识，对孩子提出一致的教育要求。

四、相关知识

幼儿园的活动按类型大致可分为游戏、活动、教学活动、生活活动等。具体的内容和指导方法，见"国家职业技能等级认定培训教材——合编版"《保育员（基础知识）》分册中的有关内容。

第二单元　总结保育工作

一、学习目标

1. 明确写保育工作总结的意义。
2. 掌握保育工作总结的写作格式和写作方法。

二、工作程序

1. 平时做好保育工作计划和记录，为写好保育工作总结积累材料。
2. 对照保育工作计划和自己的日常工作，检查自己工作的情况，找出成功与失败的地方，并分析其原因及今后努力的方向。

三、注意事项

1. 保育工作总结，既要全面，又要有所侧重，即应在全面总结日常保育工作、配班工作、个别儿童工作、贯彻保教并重工作的基础上，能总结出自己在本岗位工作上所取得的主要经验或突出业绩。

2. 保育工作总结应该具体、客观、真实和实事求是，不能华而不实，只写一些空话和套话。

四、相关知识

保育工作总结应包含以下一些内容：

1. 题目。
2. 所负责班级的基本情况，与本班级有关的其他工作人员的基本情况。
3. 在某阶段自己负责的主要工作，以及所取得的主要成绩和尚存在的问题。
4. 分析原因，对存在的问题提出改进意见和建议。

第三单元 制作玩具和教具

一、学习目标

1. 明确玩具和教具对婴幼儿发展的意义。

2. 掌握制作玩具和教具的一般方法，能够在教师的指导下进行简单玩具和教具的制作。

二、工作程序

根据婴幼儿身心发展特点，婴幼儿的活动受玩具和教具的影响很大。许多时候玩具和教具的作用可直接影响婴幼儿活动的质量。目前，部分幼儿园没有足够的财力购买满足婴幼儿各种活动所需要的玩具和教具，因此，在教育实践中许多幼儿园都发扬勤俭节约的精神，就地取材，自制玩具和教具。幼儿园中级保育员应该具有与教师共同设计和制作玩具和教具的能力。

1. 确定需要制作的玩具和教具的种类及数量

不同的教育活动需要不同的玩具和教具，保育员在开学初要了解本学期本班主要教育活动的目标和物质需要，了解本园和本班现有玩具和教具的种类、数量和质量，初步拟订玩具和教具的制作计划。在制作玩具和教具之前，应该再一次明确教育目标，以便在制作时具有针对性。

2. 收集和选择合适的材料

（1）根据教育的要求，注意收集制作玩具和教具所需要的材料。保育员平时应注意收集生活中的废旧材料和可利用的零星材料，如日常生活中的碎布、毛线、包装纸、包装盒、泡沫、饮料瓶、冰棍棒、糖纸、海绵、纽扣、瓶盖等废旧物品，这些物品都是自制玩具和教具很好的材料。只有平时注意收集，用的时候才能得心应手。

（2）了解并根据教育的需要，有目的地购置材料。

（3）发动婴幼儿和家长共同收集材料。

（4）选择合适的材料制作玩具和教具。选择合适的材料就是根据不同的教学目的和需要，选择相应的材料。如用塑料饮料瓶作材料，可根据需要自制成不同的玩具和教具：

1）将塑料瓶除去瓶口部分，把剩余的瓶身平均剪成 2 cm 或 3 cm 宽的条状，再弯曲成花瓣形在底部固定，可制成一个花篮（底部需保留一部分，以保持瓶子的稳定）。

2）在饮料瓶里放些沙子，封好瓶口可制作成沙锤，供孩子做模仿操或游戏时使用。

3. 与教师和学前儿童共同制作玩具和教具

《幼儿园教育指导纲要（试行）》指出："指导幼儿利用身边的物品和废旧材料制作各种玩具、工艺装饰品，体验创造的乐趣。"因此，制作玩具和教具的意义不只是完成教育活动和游戏活动的物质准备，而应该充分认识其在教育中的作用。制作玩具和教具的过程也是对婴幼儿进行教育的过程。保育员和教师应该善于在与婴幼儿共同制作玩具和教具的过程中，发展婴幼儿的体能和动手操作能力，培养婴幼儿学会利用身边丰富的资源创造生活的意识和能力，为其发展打下基础。

4. 注意保养玩具和教具

平时注意检查玩具和教具的使用情况，并注意保养，发现问题及时解决。

三、注意事项

制作玩具和教具应以促进婴幼儿健康发展为根本目的，在制作过程中应注意以下几个问题：

1. 玩具和教具必须符合安全卫生的要求

由于婴幼儿在日常生活中与玩具和教具接触的机会很多，如果不符合安全、卫生的要求，就会使孩子在使用的过程中受到伤害。因此，制作玩具和教具的材料表面应该光滑，没有锐利边角，以防刺伤孩子；玩具和教具所用的材料必须无毒、结实；在玩具和教具表面使用的涂料应该不溶于水，且与消毒液不起化学反应。

2. 玩具和教具的大小、轻重应适合学前儿童的使用

玩具和教具过小易被婴幼儿吞下或塞入鼻腔、耳洞中，造成伤害事故，过大、过重则会影响和妨碍孩子的活动，不适合婴幼儿使用。

3. 对玩具和教具应经常进行消毒

保育员平时应做好玩具和教具的清洗、消毒工作，以确保其使用的安全性。

4. 对玩具和教具应做好保养维修工作

应做好玩具和教具的日常保养和修补工作，以保证玩具和教具经常处于完好状态，确保使用的安全。

第四单元　指导个别孩子参与活动

一、学习目标

1. 了解个别孩子的行为特征。
2. 掌握指导个别孩子参与活动的方法和程序。
3. 能够针对不同孩子的需要指导他们参与活动。

二、工作程序

1. 认真观察全班孩子的活动，找出需要帮助的个别孩子

在婴幼儿活动的过程中，保育员要注意观察孩子的行为，对平时就表现得比较特别的孩子，要能及时发现问题并及时解决。例如，有的孩子在活动中不能与其他小朋友友好相处；有的孩子在活动中显得过于胆小，总是退缩；有的孩子注意力总是不能集中；有的孩子太好动；有的孩子有较强的攻击倾向等。针对这些孩子的具体问题，应采取合适的教育方法。

2. 掌握个别孩子活动的真实情况，有针对性地给予帮助和指导

例如，某幼儿园中班在自由活动时，平平和小红同时选中了一个玩具机器人，平平说："我先玩！"小红说："我先看到的，应该我先玩！"两个人争执不下，吵了起来。保育员看到这种情况，走过去对两个孩子说："你们两个这样吵下去能玩到玩具吗？"两个孩子还是争执不休。保育员又说："如果你们还是这样吵，玩具就先放在我这里，等你们想出办法后再玩。"说完，保育员就把玩具拿走了。这样，两个孩子只好坐下来商量解决的办法，停止了争吵。从保育员的这个做法中可以看到，如果保育员能够对婴幼儿的行为、需要和发展的目标了如指掌，她在指导个别孩子活动的时候就能够有的放矢，游刃有余，较好地完成教育目标。

又如，某小班在上音乐课，所有孩子都能够随着教师的琴声认真地歌唱，只有小强东看看、西看看，就是不认真唱歌。保育员看到这种情况后走到小强旁边，把手轻轻地放在小强的肩膀上，尽管保育员什么话都没说，但她的动作却告诉小强：上课应该遵守纪律。

因此，保育员要想能够对个别孩子的行为进行有针对性的指导和帮助，就要认真观察孩子的行为表现，掌握与孩子交往的方式、方法，从而对孩子进行有效和正确的指导。

3. 及时与教师、家长沟通情况，对孩子采取一致的教育方式

在平时的活动中，保育员要注意观察孩子的行为表现，发现问题及时与教师、家长进行沟通，了解孩子行为产生的原因及帮教办法，使教育形成合力，共同对孩子采取有针对性的教育。例如，一天，小班小朋友丁丁在吃饭时对保育员说：“我不想吃，我要吐。”保育员问：“你很难受吗？那你就喝点稀饭吧。”丁丁高兴地说：“好吧！”保育员十分纳闷，刚才还要吐的孩子，怎么这么一会儿就好了呢？晚上，当丁丁妈妈来接孩子时，保育员向家长反映了这个情况。家长说：“这个孩子遇到他不爱吃的饭菜时，就说要吐，真拿他没办法……”原来这是丁丁逃避吃他不爱吃的饭菜的“法宝”。了解了这个情况后，保育员与教师、家长一起分析了孩子的特点，制订了解决丁丁吃饭挑食的教育计划，使家庭和幼儿园对丁丁形成一致的要求，取得了比较好的教育效果。

三、注意事项

1. 尊重和信任孩子

保育员在帮助和指导个别孩子参加活动的过程中，要始终把尊重和信任放在第一位，不能因为孩子有某些行为问题就对其讽刺、挖苦，甚至歧视。

2. 掌握与孩子交往的正确的方法

由于孩子的特点和需要不同，保育员在与孩子交往的过程中，应该采取孩子能够接受的方式与之交往，而不应该用同一种方式对待不同的孩子。

例如，某中班保育员对一名孩子的家长说：“你的孩子生活能力不太强，可得好好锻炼锻炼。有一次我让他去拿一个碗，说了半天他也没听明白……”家长说：“不对啊，他在家里经常帮我干家务，这方面的能力挺强的。”保育员当时虽然嘴上没说什么，但心里却对家长很有看法：我是为了你的孩子好，你怎么就听不进去呢？后来，本班教师了解了这个情况后，帮助保育员分析了这个孩子的特点和应有的教育策略，保育员这才恍然大悟。原来，这个孩子平时在班里很老实，从来不给老师“找麻烦”，因此，老师很少注意到他。那天保育员突然叫到这个孩子，导致他很紧张，所以一站起来就“晕”了，根本没听清楚保育员的话，更谈不上去拿东西了。根据孩子的这些特点，保育员和老师共同商量了对他的教育策略：一是平时要多关注这个孩子，多给他一些在人前表现的机会；二是在集体活动中叫到这个孩子时，叫完他的名字后要先停顿一会儿，给他一些反应的时间，让他发一会儿“晕”，等孩子消除了紧张情绪后再对他提出各种要求。采用这些方式与这个孩子交往后保育员发现，这个孩子在各方面都有了很大的进步。因此，采用婴幼儿能够接受的方式与其交往，是教育能否取得成功的关键因素之一，保育员要很好地掌握这些方法。

3. 注意用体态语言与婴幼儿交流

保育员在指导和帮助个别孩子的时候，可多用一些体态语言进行交流，如抚摸、拥抱、拍肩膀等，使孩子感到保育员是喜欢他们的，从而愿意接受保育员的指导和帮助。

四、相关知识

婴幼儿学习活动、游戏活动、生活活动的特点和指导方法，见“国家职业技能等级认定培训教材——合编版”《保育员（基础知识）》分册中的有关章节。

第二节　配合室外教育活动

第一单元　注意随时给婴幼儿增减衣服

一、学习目标

1. 明确根据天气和活动量的变化，及时为婴幼儿增减衣服对儿童身心发展的重要意义。

2. 掌握根据天气和活动量的变化，及时为婴幼儿增减衣服的工作程序和方式、方法。

二、工作程序

1. 了解天气情况

保育员要养成每天听气象预报的习惯，及时了解天气的变化情况，为照顾好婴幼儿的生活做好准备。

2. 根据天气和活动量为婴幼儿增减衣服

例如，在北京深秋的某一天，天气比较凉，按天气情况在进行户外活动时应给孩子穿上外套或坎肩，但保育员了解到本次户外活动的内容是让孩子们进行追逐跑的游戏，活动量比较大，如果让孩子穿上外套或坎肩，跑一会儿就会出汗，风一吹反而会让孩子着凉。于是，保育员没给孩子穿外套或坎肩，而是在孩子们出教室后督促他们马上活动起来。这样，既保护了孩子的健康，又锻炼了他们的身体，取得了很好的效果。

3. 了解每个孩子的实际活动量，为其及时增减衣服

婴幼儿在自由活动时的活动量是有差异的，保育员要注意观察他们的活动，及时了解每个孩子的实际活动量，及时为他们增减衣服。

三、注意事项

1. 在婴幼儿户外活动前，保育员要先出来感受一下室外的实际温度，再结合活动的内容为婴幼儿准备户外活动的服装。

2. 在活动中注意观察体弱儿和肥胖儿的情况，随时根据他们活动的情况为其增减衣服。

四、相关知识

活动量也称运动量，是指婴幼儿在活动中身体所承受的生理负担量。若活动量过大，超过孩子身体的负荷会损害其身体健康；活动量过小，则达不到锻炼孩子身体的目的。什么样的活动量是合适的，保育员可用观察法和测量法进行判断。

1. 观察法

观察法是在活动中观察婴幼儿的脸色、呼吸、表情、出汗状况和动作的协调性等特征，了解其活动量的大小。一般情况下，如果孩子面色微红，表情自然，动作协调，

呼吸略快但平稳，微微出汗，则表明其活动量比较合适。如果孩子在活动中出现面色通红、大汗淋漓、表情紧张、动作不协调、呼吸急速等现象，则表明其活动量过大。

2. 测量法

测量法主要是测量孩子的心率，一般情况下，婴幼儿的平均心率在每分钟130 ~ 160次时，表明其活动量比较合适。

第二单元　照顾体弱儿

一、学习目标

1. 了解体弱儿的特征，明确这项工作的意义。
2. 掌握照顾好体弱儿的工作程序和正确方法。
3. 明确照顾体弱儿时应注意的问题。

二、工作程序

体弱儿是指身体比较柔弱的婴幼儿。天气的变化、饮食的调整、作息时间的改变、生活环境的变化等因素，都有可能使体弱儿感到不舒服甚至患病。因此，做好体弱儿的护理工作是保育员的重要职责之一。

1. 通过家访和细心观察了解体弱儿的日常生活方式，找出影响他们体质的原因

造成体弱儿身体不好的原因是多方面的。有的是由于孩子先天不足；有的是由于平时过于娇生惯养，使孩子缺乏锻炼；有的是由于孩子身患某种疾病；有的可能是大病初愈；等等。保育员在照顾体弱儿时，一定要先了解情况，再对症下药，根据孩子的不同情况分别给予合适的照顾。

2. 在活动中要及时发现孩子身体上的不适，并对其及时采取相应的措施

例如，亮亮平时的身体比较娇弱，经常生病。在户外活动时他在大型器械上爬上爬下，玩得满头大汗，衣服都湿透了。保育员见状，马上来到亮亮身边，边帮他把头上的汗擦干净，边领着他回到班里，给他换上干净的衣服，并给其适量喝水，让他适当休息后再出去活动。

3. 减少因环境的差异给孩子身体上带来的影响，促进体弱儿体质的增强

例如，平平平时在家里睡觉很晚，总得玩到夜里11 ~ 12点钟才睡。保育员在与家长的沟通中了解到这点后，告诉家长这么小的孩子每天应保证的睡眠时间是多少，以及低于这个时间给孩子的身体发育带来的负面影响，使家长能够在家里保证孩子的睡眠时间，以提高孩子的抵抗力。

三、注意事项

1. 对体弱儿的照顾和护理，应该格外地细致和精心。
2. 平时应加强体弱儿的身体锻炼，以增强其抵抗力。
3. 注意与家庭教育的配合。

第三单元　照顾肥胖儿

一、学习目标

1. 了解肥胖儿的特征，明确这项工作的重要意义。
2. 掌握照顾好肥胖儿的工作程序和正确方法。
3. 明确照顾肥胖儿时应注意的问题。

二、工作程序

1. 了解儿童肥胖的原因。
2. 注意观察肥胖儿的饮食起居习惯，有针对性地培养孩子良好的生活和卫生习惯。
3. 平时注意加强对肥胖儿的身体锻炼，合理膳食，帮助其减轻体重。

三、注意事项

1. 对肥胖儿的照料应该针对其肥胖的原因，对症下药。

2. 对肥胖儿进行身体锻炼时应该注意循序渐进，不可贪多求快。肥胖与缺少运动有一定关系，运动能使能量消耗增多，对肥胖儿减轻体重十分有利。肥胖儿在运动时常因肥胖而动作笨拙，心慌气短。因此，开始时活动量应少一些，以后逐渐增加。在活动中宜采用一些既可促进能量消耗，又容易坚持的运动项目。可先从散步、踢球开始，再逐步过渡到慢跑等活动。家长同孩子一起锻炼常能增加孩子的信心。

3. 控制饮食。帮助肥胖儿减肥的速度不能太快，应在孩子能接受的情况下进行，并注意均衡营养，以免影响孩子的正常生长和发育。

4. 身体锻炼和控制饮食应循序渐进，长期坚持。

5. 注意家庭和幼儿园的配合。

四、相关知识

肥胖儿有两种，一种是指有些儿童受饮食、遗传和活动过少等因素的影响，摄入量大于消耗量，使体内脂肪过度积聚，体重超过一定的范围，医学上称为单纯性肥胖；另一种是指由于神经、内分泌及遗传疾病引起体重超过正常标准，医学上称为继发性肥胖。

体重超过同年龄、同身高标准体重的20%即为肥胖，可分为轻度肥胖（超重20%～29%）、中度肥胖（超重30%～39%）、重度肥胖（超重40%～59%）和极度肥胖（超重大于60%）。

2～12岁儿童的身高和体重，可以通过下列公式进行粗略计算（年龄为周岁）：

$$体重（kg）= 年龄 \times 2+7（或 8）$$

$$身高（cm）= 年龄 \times 5+75$$

第八章

安全工作

第一节　常规的安全措施

第一单元　预防安全事故

一、学习目标

学会观察婴幼儿的行为，能根据婴幼儿的异常反应，发现危险的苗头并及时处理，提高对潜在事故的预见性。

二、工作程序

保育员要有高度的责任心，认真做好各项工作，树立安全第一的思想。与此同时，保育员还要认真学习掌握婴幼儿的心理特点，学会观察婴幼儿的行为，防止事故的发生。保育员在对婴幼儿进行日常保育和教育的过程中，观察的重点应放在婴幼儿的精神状况、行为表现、食欲状况、大小便状况、睡眠状况、体温等。例如，平时活泼好动的孩子，突然变得不爱说话、不爱活动、无精打采、脸色潮红；孩子吃饭时没有食欲，甚至出现呕吐现象；孩子小便颜色加重，大便次数增多或拉稀等。这些都反映出其身体的异常，应对孩子作进一步的检查，以确定出现异常表现的原因。

1. 走失

（1）走失的原因

1）不适应幼儿园的生活，尤其是新入园的婴幼儿对环境不习惯，因此出走回家。

2）特别依恋父母。

3）特别好奇，对什么都感兴趣，而且兴趣很容易转移。在活动中有时会被外界有趣的事物吸引，或找到一个好玩的地方，不知不觉地离开了集体。

4）注意力不集中，对老师组织的活动不感兴趣，东张西望。

5）保育员责任心不强，在人多拥挤的情况下将孩子丢失。

（2）走失的预防和处理

保育员应针对容易走失婴幼儿的种种表现，事先做好预防工作。

1）教孩子会说自己的姓名，幼儿园的名称，父母的姓名、工作单位和家庭的住址，以及必要的电话号码。

2）了解孩子想些什么。

3）加强对门卫的严格管理。幼儿园应选择做事仔细、有责任心的门卫负责管理幼儿园大门。幼儿园的大门应只在接送时间对外开放，其余时间一律关闭，防止孩子溜出幼儿园。明确家长接送孩子要与保育员见面的制度。非接送时间接孩子的家长，应出示证件并进行登记。到幼儿园办事的外来人员，应先登记，在传达室等候，不得随便入内。

4）一旦发现孩子走失，一定要保持镇静，千万不要惊慌失措。分析走失的原因，确定寻找的方向，并立即开始寻找。如果在幼儿园里找不到，应马上报告，发动大家共同寻找。必要时要与家长和附近的派出所联系，以尽快把孩子找到。

5）找到孩子后要及时寻找原因，吸取教训，对孩子进行正面教育，切忌训斥孩子，防止孩子受到家长和教师的训斥后导致感情更加疏远，更不愿意上幼儿园了。

2. 气管呛入异物

（1）气管呛入异物的常见表现

1）当异物呛入气管时，孩子会不停地咳嗽。

2）当异物完全将气管堵住时，孩子会出现呼吸困难、面色青紫的症状。

（2）气管呛入异物的预防和处理

1）要让婴幼儿养成良好的习惯，防止气管呛入异物事故的发生。

2）教育婴幼儿不捡食地上的东西。

3）告诉婴幼儿不要躺在床上吃东西。

4）当孩子嘴里含有豆粒、花生米等食物时，保育员不能训斥他，而要同他讲道理，让其将嘴里的食物吐出来。

5）婴幼儿在哭闹时，不要让其吃东西。

第二单元　卫生保健制度

幼儿园的卫生保健制度，是保证婴幼儿健康成长、防止和控制事故发生的基本措施。因此，幼儿园必须建立并严格执行各项卫生保健制度。

一、学习目标

了解幼儿园的卫生保健制度，提高安全意识，并在工作中严格执行各项制度。

二、工作程序

1. 学习幼儿园的卫生保健制度，熟悉其相关内容。
2. 严格执行各项卫生保健制度，提高安全意识。
3. 根据本园的工作需要，建立更加完善的、符合本园实际情况的安全制度。

三、相关知识

幼儿园的卫生保健制度，是保证婴幼儿健康成长、防止和控制疾病发生或在园内传播的基本措施。幼儿园必须建立并严格执行各项卫生保健制度。

1. 生活制度

（1）制定生活制度的依据

幼儿园在制定生活制度时，必须综合考虑与之有关的各种因素，制定出既切合本园实际情况又符合婴幼儿发展特点的合理的生活制度。一般来说，在制定生活制度时主要依据以下几个方面：

1）婴幼儿的年龄特点。婴幼儿期是人体生长发育十分迅速的时期，幼儿园的生活制度必须首先满足婴幼儿生长发育的需要。因此，在制定生活制度时应合理地安排婴幼儿的进餐时间，保证婴幼儿有充足的睡眠和户外活动的时间。

2）应该考虑到不同年龄阶段婴幼儿的具体特点，使不同年龄阶段的婴幼儿在生活制度的安排上有所区别。例如，年龄越小，其进餐的次数就越多，睡眠的时间就越长，而每次游戏活动或教育活动的时间就越短；随着年龄的增长，其进餐的次数以及睡眠时间可逐渐减少，而每次游戏活动或教育活动的时间则可以逐渐增长，次数逐渐增多。

（2）婴幼儿生理活动的特点

根据神经生理学的理论，人在从事某种活动时，大脑皮层只有相应部分的神经细胞处于兴奋和工作状态，其他部分的神经细胞则处于抑制和休息状态，从而形成工作区和休息区。工作区和休息区可以随着活动性质和活动方式的改变而变化，这种镶嵌式的活动方式，可以使大脑皮层各区轮换休息，以保持机体正常的工作能力，防止过度疲劳。婴幼儿神经系统尚未发育成熟，如果某一种性质的活动持续时间过长，就会引起大脑皮层相应区域神经细胞的疲劳。因此，婴幼儿在从事某种活动达到一定时间以后，应该及时变换活动的性质，这样，才能使婴幼儿大脑皮层的神经细胞得到充分的休息，避免疲劳，以保持较好的工作能力。

为此，幼儿园在制定生活制度时应考虑到不同性质的活动轮换进行，做到劳逸结合、动静交替。例如，在教育活动之后可以安排自由的游戏活动，在室内较安静的活动之后可以让婴幼儿到户外进行体育活动等。这样，便可以使婴幼儿大脑皮层各机能区的神经细胞以及身体的各器官、系统既能得到充分的调动和锻炼，又能得到轮流的、充分的休息，从而促进婴幼儿身心的健康发展。

（3）地区特点和季节变化

我国地域辽阔，具有较大的南北气候差异以及东西时间差异，各幼儿园应根据本地区的具体地理特征以及本园的实际情况，制定相应的生活制度。同时，在制定生活制度时还应考虑到不同季节的特点，对生活制度中的部分环节进行适当的调整。例如，夏季昼长夜短，婴幼儿入园的时间可适当提前，寄宿制幼儿园早晨起床的时间也可以适当提前，而婴幼儿晚上睡觉的时间则可以适当推迟。为了保证婴幼儿每天有足够的睡眠时间，中午可适当延长婴幼儿午睡的时间。必要的话，幼儿园可以根据当地的具体情况和需要，制定出适应不同季节的生活制度。

（4）家长的需要

婴幼儿的年龄特点决定了其入园和离园都必须由家长亲自接送，因此，幼儿园在制定生活制度时还应该考虑家长的实际情况和需要，以便更好地为家长服务。例如，入园的时间可以根据家长的需要适当地提前，而离园的时间也可以适当地推迟；幼儿园提供的膳食，可以由一餐两点增加到三餐一点或三餐两点等。

生活制度建立以后，应该严格地实施，以保证婴幼儿在园内生活的规律性。但由于婴幼儿在园内的活动并不是一成不变的，有时会有一些特殊的活动介入，例如开运动会、组织外出进行远足活动、进行健康检查等。因此，婴幼儿一日生活的安排既应保证一定的稳定性和规律性，又应具有相对的灵活性。

婴幼儿之间存在着较大的差异，例如，有的孩子精力十分旺盛，睡眠的需要较少，而有的孩子由于体质较弱等原因，往往需要比其他孩子更多的睡眠时间。又如，有的孩子吃饭的动作较慢，吃饭需要较长的时间等。对此，生活制度在具体实施的过程中，还应该兼顾到婴幼儿个体的差异，适当地加以区别对待，以适应不同孩子的特点，满足孩子的不同需要。

1）3 ~ 6 岁全托幼儿园的一日活动安排，见表 8-1。

表 8-1　3 ~ 6 岁全托幼儿园一日活动表

活动项目	小班	中班	大班
入园、晨检、晨间活动	7：30	7：30	7：30
早餐前准备、盥洗	7：50	7：50	7：50
早餐	8：00	8：00	8：00
活动区游戏	8：30	8：30	8：30
教育活动	9：00（15 min）	9：00（20 min）	9：00（25 min）
喝水、如厕	9：15	9：20	9：25
教育活动	—	9：40	9：40
户外活动	9：30	10：10	10：10
室内自由游戏	10：30	—	—
安静活动	11：10	11：10	11：10
餐前准备、盥洗	11：20	11：20	11：20
午餐	11：30	11：30	11：30
午睡	12：00	12：00	12：00
午检、起床、如厕、盥洗	14：30	14：00	14：00
午点、室内自由游戏	14：45	14：15	14：15
户外活动	15：15	15：15	15：15
餐前准备、盥洗	16：15	16：15	16：15
晚餐	16：30	16：30	16：30
离园	17：10—18：00	17：10—18：00	17：10—18：00

2）日托幼儿园的一日活动安排，具体如下：

7：00　　入园、晨检、晨间活动

8：20　　收拾玩具

8：30　　早操活动

9：00　　教育活动

9：30　　喝牛奶

9：45　　户外活动

11：00　　盥洗、准备餐具

11：15　　午餐

12：00　　午睡

14：00　　起床、盥洗、吃点心 } 中班、大班

14：30　　活动区游戏 } 中班、大班

14：30　　起床、盥洗、吃点心 } 小班

15：00　　活动区游戏 } 小班

15：30　　户外活动

16：30　　室内活动

准备离园

17：00—18：00　　离园

2. 健康检查制度

幼儿园应建立健全健康检查制度。健康检查的对象应包括新入园的婴幼儿、在园的婴幼儿以及幼儿园中的全体工作人员。

对婴幼儿进行定期的和不定期的健康检查，可以了解每个孩子的生长发育情况和健康状况，以便采取相应的措施，更好地促进其健康成长；同时，对孩子的疾病也可以做到早发现、早隔离和早治疗。

（1）入园前的健康检查

即将进入幼儿园生活的儿童，在入园前必须进行全面的健康检查，以鉴定该儿童是否能过集体生活，防止将某些传染病带到幼儿园中。而且，入园前的健康检查还能为幼儿园更好地了解和掌握每名儿童生长发育的特点以及健康状况提供重要的资料。

入园前健康检查的主要内容如下：

1）了解孩子的疾病史、传染病史、过敏史、家族疾病史等。

2）检查孩子当前的生长发育与健康状况，如身高、体重、胸围、头围，心肺功能、视力、听力、皮肤、牙齿、脊柱的发育，血常规、肝功能等。

3）了解孩子预防接种完成的情况等。

儿童入园前的健康检查，通常是在当地的妇幼卫生保健院（所）进行。目前，许多城市都有统一规定的儿童入园前健康检查的项目。入园前的健康检查，只在1个月内有效。

（2）入园后的定期健康检查

婴幼儿入园后应定期进行健康检查。一般来说，1岁以内的婴儿每季度应体检一次；1～3岁的婴儿，每半年体检一次，每季度量体重一次；3岁以上的幼儿，每年体检一次，每半年测量身高和视力一次，每季度量体重一次。

幼儿园应为每名儿童建立健康档案，以便全面了解和判断每名儿童生长发育的情况。

每次健康检查以后，医务保健人员都应对孩子个人和集体进行健康分析、评价以及疾病统计，并据此提出在促进婴幼儿健康成长方面的相应措施。

（3）每日的健康观察

每日入园以后，医务保健人员和保育员均应对孩子进行每日的健康检查和观察，发现疾病及早进行隔离和治疗，防止疾病加重或在园内传播。婴幼儿每日的健康观察主要包括入园时的晨检和全日的观察。

1）入园晨检。晨检是幼儿园卫生保健工作的一个重要环节。通过这一环节不仅可以及早发现疾病，而且对于一些不安全的因素也可以及时加以处理。同时，还能了解孩子在家庭中的生活情况，有利于保育员更好地做好当日的工作和密切家、园之间的联系。

晨检工作应在每天清晨入园时进行，寄宿制幼儿园应在早晨起床以后进行。负责晨检工作的人员可以是医务保健人员，也可以是具有初步医学知识的保育员。

婴幼儿晨检的主要内容概括起来是“一摸，二看，三问，四查”。晨检中如果发现孩子有身体不适或生病迹象，应劝说家长带孩子去医院检查，或暂时将孩子隔离，请保健医生进一步检查，然后再确定是否入班。

2）全日观察。孩子入园以后，保育员在进行日常保育和教育的过程中，应随时观察孩子有无异常表现，重视疾病的早发现。全日观察的重点是：孩子的精神状况、食欲状况、大小便状况、睡眠状况、体温等。

平时活泼爱动的孩子突然变得不爱说话、不爱活动、无精打采了，孩子吃饭时没有食欲，甚至出现呕吐等现象，孩子小便颜色加重、大便次数增多或拉稀等，都反映出孩子的身体出现异常，应进一步对儿童进行身体检查，以确定是否生病。

为了保证婴幼儿的健康，幼儿园的工作人员在进入幼儿园工作以前，都必须进行严格的健康检查，健康检查合格者方能进入到幼儿园中从事保教工作。在幼儿园中工作的全体人员，每年还必须进行一次全面的健康检查。

幼儿园工作人员的健康检查，除了一般性健康检查，还包括胸部X光透视，肝功能，阴道霉菌、滴虫以及淋病、梅毒等项目的检查。健康检查不合格者，应立即调离或暂时离开工作岗位。有些疾病痊愈后，须持有关的健康诊断证明方可恢复工作。

3. 消毒制度

幼儿园建立并严格执行消毒制度，是预防疾病发生以及切断传染病传染途径的一项重要措施。

幼儿园应做好预防性消毒和传染病疫源地消毒两方面的工作。对日常用水、食物、餐具、餐桌、盥洗用具、玩具、图书等的经常性消毒和定期消毒，称为预防性消毒。当发生传染病后对疫源地进行消毒，称为疫源地消毒。幼儿园常用的消毒方法有物理消毒法和化学消毒法。

（1）物理消毒法

物理消毒法主要包括机械消毒、煮沸消毒、蒸汽消毒、日晒消毒等方法。

1）机械消毒法。机械消毒法是指利用洗涤、通风换气等方法，杀灭和消除环境中的致病微生物。这种方法主要用于玩具、室内空气等的消毒。

2）煮沸消毒法。煮沸消毒法是指利用水的高温作用将物品中的致病微生物杀灭。其方法是将需要消毒的物品全部浸入水中，煮沸15 min以上。这种方法主要用于各种耐热和不怕水的餐具、金属器械、衣物等物品的消毒。

3）蒸汽消毒法。蒸汽消毒法是指利用蒸汽的高温作用将物品中的致病微生物杀灭。这种方法主要用于毛巾、尿布、衣物、餐具等物品的消毒。

4）日晒消毒法。日晒消毒法是指利用日光中紫外线的作用杀灭附在物品表面上的致病微生物。其方法是将需要消毒的物品放在日光下持续暴晒3 ~ 6 h。这种方法主要用于衣服、被褥、图书、玩具等物品的消毒。

（2）化学消毒法

化学消毒法是指利用化学药品进行消毒的一种方法。

幼儿园常用的清洁、消毒剂有：酒精、碘酒、高锰酸钾、消毒灵、新洁尔灭、肥皂水、洗衣粉、去污粉、漂白粉、石灰、来苏儿、氯亚明、过氧乙酸等。

消毒剂最好是液体状态或者溶于水的，以便于与致病微生物迅速接触从而起到消毒的作用。使用消毒剂时应严格掌握消毒剂的有效浓度和浸泡时间。物品浸泡前通常要洗刷干净，然后再将其全部浸泡在消毒液中进行消毒。

在实际操作中，有时还可以将物理消毒法与化学消毒法有机结合起来进行，以提高某些物品的消毒效果。

4. 隔离制度

隔离制度是幼儿园控制传染病传播和蔓延的一项重要措施，即将传染病患者、病原携带者或可疑患者同健康的人分隔开，阻断或尽量减少相互间的接触，并实施彻底的消毒和合理的卫生制度。

幼儿园的隔离室最好能有两间以上，隔离室的用品应专用。

幼儿园的隔离制度主要包括以下几方面的基本措施：

（1）对患儿应及时隔离

当发现婴幼儿患传染病后应立即将患儿隔离，并视传染病的种类和病情的轻重，确定留园隔离治疗或送回家中隔离治疗或送医院隔离治疗。对患有不同传染病的患儿应分别隔离，以防交叉传染。

患儿所在的班级应进行必要的消毒。

与患儿有过接触的婴幼儿或成人，应进行检疫、观察或隔离。检疫期间，该班不收新生入班，不与其他的班级接触。检疫期满后，无症状者方可解除隔离。患儿待隔离期满痊愈后，经医生证明方能回园和班级。

被隔离的患儿应使用自己的餐具、盥洗用具和专用的便盆等，医务保健人员应对其使用过的物品和排泄物及时或定时进行消毒。在此期间，应委派专人对患儿进行仔细的照顾、观察和护理。

（2）对可疑患儿应进行临时隔离

当发现婴幼儿有患传染病的迹象时，应立即请保健医生诊断，不管确诊与否，都应进行个人临时隔离。临时隔离可以是在家中进行，也可以暂住在园内的隔离室，但应与已确诊为传染病的患儿分开。

（3）对患病工作人员应立即隔离

园中的工作人员如果患了传染病，应立即对其进行隔离。同时，还要做好与其相接触人员的检疫和疫源地的消毒工作。

（4）婴幼儿离开幼儿园返回时的观察和检疫

婴幼儿如果离开幼儿园一个月以上或到外地，在返回幼儿园时医务保健人员应向家长询问孩子有无传染病接触史，同时，对其进行必要的健康检查。对未接触传染病的孩子要观察两周；对有传染病接触史的孩子，应进行个人临时隔离，待检疫期满以后方可回班。

（5）工作人员家中发现传染病应及时向幼儿园报告

工作人员或婴幼儿的家中如果发现有传染病患者，应及时报告幼儿园领导，并在保健室备案，幼儿园对此应酌情采取相应的防范措施或隔离措施。

5. 预防接种制度

婴幼儿进入幼儿园以后，预防接种的任务应该由幼儿园承担起来，配合卫生防疫部门共同完成儿童的计划免疫工作。因此，幼儿园应建立预防接种制度，严格按照规定的接种种类、剂量、次数、间隔时间等进行预防接种，并防止漏种、错种或重复接种。

预防接种工作的主要内容如下：

（1）婴幼儿进入幼儿园以后，医务保健人员应根据预防接种卡上的记录进行全面的登记，确定该名儿童哪些接种已完成、哪些接种尚未进行，以保证预防接种的衔接性。

（2）在每次进行预防接种前，应提前在幼儿园大门前的黑板上写出通知，预先通知家长预防接种的时间、接种疫苗的种类以及注意事项等，以取得家长的共同配合。

（3）在进行预防接种的过程中，保育员和医务保健人员应相互配合，共同做好接种的登记和检查工作，尤其应防止漏种、错种或重复接种，保证接种任务的顺利完成。对于没有接种和因患病暂时不能参加接种的孩子，应登记在案。

（4）婴幼儿接种以后，在生活和活动方面医务保健人员应给予必要的建议和指导，保育员应配合进行。同时，保育员和医务保健人员应共同做好婴幼儿接种后的观察工作，发现孩子出现异常情况应及时采取相应措施。

（5）对未参加预防接种的婴幼儿，医务保健人员应与其家长进行联系，并与家长协商，共同做好补种的工作。

第二节 常见意外事故的处理

一、学习目标

掌握常见意外事故的处理办法。

二、工作程序

1. 鼻腔异物的处理

婴幼儿出于好奇，常把花生米、小珠子、纽扣等较小的物品塞入鼻中，这不仅会影响呼吸，还会引起鼻腔炎症，甚至进入气管形成气管异物。因此保育员要仔细观察，及时取出异物，步骤如下：

（1）让孩子深吸一口气，用手堵住无异物的一侧鼻子，用力擤，异物即可排除。

（2）若异物仍未取出，切不可擅自用镊子夹取圆形异物，应立即送医院处理。

2. 咽部异物的处理

咽部异物以骨刺、骨头渣、瓜子壳、枣核等较为常见。

咽部异物最好用镊子取出，切不可采用大口吞咽的方法，否则会使异物越扎越深，出现危险。若无法取出，应立即去医院就诊处理。

3. 眼内异物的处理

婴幼儿眼内异物最为常见的是小沙粒、小飞虫等。处理的具体步骤是：

（1）让孩子轻轻闭上眼睛，切不可揉搓眼睛，以免损伤角膜。

（2）保育员清洁双手后方可为孩子处理眼内异物。若异物粘在眼结膜表面，可用干净柔软的手绢或棉签轻轻拭去；若异物嵌入眼结膜囊内，则需要翻开眼皮方能拭去。

（3）翻上眼皮的方法是让孩子向下看，用拇指和食指捏住他的眼皮，轻轻向上翻即可。翻下眼皮的方法是让孩子向上看，用右手拇指向下牵拉下眼皮即可。若用以上方法都不能取出异物，孩子仍感到极度不适，有可能是角膜异物，应立即去医院治疗。

4. 外耳道异物的处理

外耳道异物一般分两种：一种是非生物性异物，如孩子觉得好玩而塞入的豆子、小石头等；另一种是生物性异物，如小昆虫等。

（1）外耳道异物如果是非生物性异物，可用倾斜头、单脚跳跃的动作，使异物自动出来。若以上方法无效，应上医院处理。

（2）外耳道异物如果是小昆虫，可用强光接近孩子的外耳道，或吹入香烟的烟雾将小虫引出来。若以上方法无效，应立即去医院处理。

5. 气管异物的处理

气管、支气管进入异物多见于5岁以下的孩子。婴幼儿口含食物或小物件，在哭闹、嬉笑时最易发生气管异物。婴幼儿气管有异物时，会出现呛咳、吸气性呼吸困难、憋气、面色青紫等现象。此时情况紧急，应立即加以处理。

（1）若是较小孩子气管出现异物，应将其倒提起来，拍背。

（2）若较大的孩子气管出现异物，可让其趴卧在成人腿上，头部向下倾斜，成人轻拍其后背；或成人站在孩子身后，用两手紧抱孩子腹部，迅速有力地向上勒挤。若孩子不能呼吸，应做人工呼吸。

6. 蚊虫咬伤的处理

夏秋季节蚊虫多，被蚊虫叮咬的机会也随之增多。婴幼儿多见的是被蚊子、蜂类蜇伤、被洋辣子拉伤。

（1）被蚊子咬伤时可用清凉油、绿药膏、酒精等涂于患处。

（2）被蜂和洋辣子刺伤时，伤口处会疼痛红肿，此时，可先用橡皮膏将皮肤中的刺粘出来，然后再用肥皂水涂于伤处。

（3）如果是被黄蜂蜇伤，可将食醋涂于伤处。

7. 惊厥（抽风）的处理

婴幼儿出现惊厥的原因很多，以高烧惊厥较为常见，如患上呼吸道感染、流行性脑脊髓膜炎、中毒性痢疾等均会造成婴幼儿高烧，进而发生惊厥。此外，婴幼儿缺钙可引起手足抽搐、癫痫、低血糖、中毒等，也会造成婴幼儿惊厥。

婴幼儿惊厥的表现通常是突然发作，意识丧失，头向后仰，眼睛凝视，呼吸细弱且不规则，唇青紫，四肢和单侧或双侧面部抽动，持续的时间可由 1 ~ 2 min 到 10 min，甚至半个小时以上不等。婴幼儿惊厥后成人千万不可惊慌失措，不可大声呼叫或用力摇晃、拍打孩子，应采取以下措施。

（1）让孩子侧卧，以便于及时排出分泌物，防止异物被吸入气管。同时，松开衣领、裤带，以保持血液循环的畅通。

（2）不要紧搂孩子，可轻按孩子抽动的上下肢，避免孩子从床上摔下来。

（3）将毛巾或手绢拧成麻花状放于上下牙之间，以免孩子咬伤舌头。但如果孩子牙关紧闭，无法塞入毛巾，则不可硬撬。

（4）随时擦去痰涕。

（5）用针刺或重压人中穴，即唇沟的上三分之一处。

注意事项：在急救处理的同时，应做好去医院的准备工作。当婴幼儿发烧时，切忌包裹过严过厚，否则会使体温持续上升，导致惊厥。

8. 中暑的处理

日光长时间照射婴幼儿的头部，可使其中暑，出现头疼、头晕、耳鸣、眼花、口渴甚至昏迷的症状，应采取以下措施进行处理。

（1）将孩子移至阴凉通风处，解开其衣扣，让其躺下休息。

（2）用凉毛巾冷敷头部，用扇子扇风，帮助孩子散热。

（3）让患儿喝一些清凉饮料，或口服十滴水、人丹等。

注意事项：在炎热的夏季，婴幼儿户外活动的时间应避开 10：30—14：30 的时间段，因为此时的阳光正处于最灼热的阶段。可在树荫或屋檐下游戏，避免阳光直接照射。天气炎热时保育员应提醒婴幼儿多喝水。

9. 冻伤的处理

婴幼儿冻伤多为轻度冻伤，常见于耳朵、面颊、手、足等处，仅伤及表面，局部红肿，有痛和痒的感觉。

处理时可用白酒、辣椒水轻轻涂搽，再涂上冻疮药膏即可。冻伤伤愈后虽然不会留下疤痕，但受冻处还易复发。因此，平时应注意不要让婴幼儿穿过小的鞋子，洗手后将手仔细擦干，脚出汗的孩子应及时换掉汗湿的袜子，并注意经常按摩手、脚、耳、鼻等处。

10. 头部摔伤的处理

婴幼儿玩耍时摔伤头部的情况并不少见，严重时还会导致出血。对此，应采取以下的措施。

（1）出血时，马上用一块清洁的纱布轻轻按压伤口，以达到止血的目的，并及时送医院。

若摔伤后未见出血，成人要对孩子进行 24 h 的密切观察，如果出现以下症状应及时送往医院急救：

1）受伤后有恶心、呕吐的现象。

2）受伤后有过意识丧失的现象，或正处于意识丧失的状态。

3）头部剧烈疼痛。

4）眼、耳、鼻周围有出血。

5）抽风、麻痹、言语障碍。

（2）婴幼儿摔伤头部后务必要通知其家人。

11. 溺水的处理

如果发生婴幼儿溺水，现场急救是非常重要的。不可盲目送医院，以免耽误了抢救的时间。急救措施主要有倒水、人工呼吸和胸外按压。

（1）倒水

首先将溺水儿俯卧在大人肩头，头朝下、足朝上，不时颠颤，让水从其体内倒出。

（2）人工呼吸

使溺水儿仰卧，头尽量后仰，并清除口腔堵塞物。一手托其下颌，使呼吸道畅通，另一手捏其鼻孔，口对口吹气，然后松开鼻孔，使气体因胸廓的自动下落而被排出。吹气的力量不要过大，每分钟进行 20 次人工呼吸，吹气排气的时间比为 1 : 2。如果溺水儿牙关紧闭，可采取口对鼻的方法进行人工呼吸。

（3）胸外按压

如果溺水儿心跳停止，那么在做人工呼吸的同时还应进行胸外按压。方法是让溺水儿仰卧，双手交叉将手掌放在其胸骨中下段，适度用力，有节奏、带冲击性地按压，每分钟 60 ~ 100 次。

在进行上述抢救的同时，应抓紧联系急救中心或最近的医院，以争取最大的抢救机会。

12. 触电的处理

（1）尽快切断和脱离电源

应立即关闭电源，或用干燥的竹竿、木棒等非导电物体将电线从触电孩子的身上挑去。切记，急救人员自身也要注意安全，并采取相应的绝缘措施。

（2）按压心脏和进行人工呼吸

脱离电源的孩子如果心跳、呼吸停止，应立即进行心脏按压和人工呼吸，方法同上。

（3）立即送往最近的医院抢救

电流的震荡作用能引起人体器官的严重损伤，还会深入到肌肉、骨骼、内脏，所以，即使现场急救成功，仍然不要忘了送孩子到医院进行检查和治疗。

三、相关知识

1. 判断病情的轻重

（1）依据发生意外的原因进行判断

有些意外事故发生后，必须在现场争分夺秒地进行正确而有效的急救，以防止可以避免的死亡，如溺水、触电、外伤大出血、气管异物、中毒、车祸等。也有些意外事故虽然不会顷刻致命，但也十分严重，如果迟迟不作处理或处理不当，也可造成死亡或终身残疾。烧伤、烫伤、骨折等上述意外事故发生后，都要实施急救。

（2）依据伤者的情况进行判断

当人体受到外界的强大刺激，或疾病发展恶化至最后阶段，重要的生命机能已经紊乱、衰竭，新陈代谢降低到最低的水平，呼吸、心跳等也发生了改变。

1）呼吸的变化。垂危患儿的呼吸已由正常节律变得不规则，时快时慢，时深时浅，出气也已不均匀了。再看看鼻翼或胸廓，如果鼻翼扇动，而胸廓在吸气时反而下陷，这都说明其呼吸已十分困难。若呼吸已停，应立即做人工呼吸。

2）脉搏的变化。垂危患儿的脉搏由规则节律的跳动变得细快而慢或节律不齐，说明心脏功能和血液循环出现了严重障碍。一旦心跳停止，应立即做胸外心脏按压。

3）瞳孔的变化。瞳孔直径一般为 3 mm，遇到光线后能迅速收缩。垂危患儿眼睛无神，瞳孔已不能随光线的增强而迅速缩小。最后瞳孔会逐渐散大，对光线完全失去反应能力。

2. 急救的原则

（1）挽救生命

呼吸和心跳是最重要的生命活动。在常温下，呼吸、心跳若完全停止 4 min 以上，生命就有危险，超过 10 min 则很难起死回生。如果在患儿呼吸、心跳已很不规律，快要停止或刚刚停止时，还是迟迟不采取急救措施，而只等医生的到来，或者送到医院后再实施抢救，往往会造成不可挽回的后果。所以一旦患儿的呼吸、心跳发生严重的障碍时，当务之急就是要立即实施人工呼吸、按压心脏等急救措施，抓住最初的几分钟到 10 多分钟的时间，帮助患儿呼吸、心跳，以期恢复患儿的自主呼吸，维持其血液循环。

（2）防止残疾

发生意外后在实施急救措施挽救生命的同时，还要尽量防止患儿日后留下残疾。如婴幼儿发生严重摔伤时，有可能造成腰椎骨折，施救时就不能用绳索、帆布等担架抬救患儿，也不能抱或背患儿，否则会损伤脊髓，造成其终身残疾。这样的急救方式虽说可以挽救奄奄一息的生命，但却会造成患儿终身的不幸，而这种不幸是完全可以通过采用恰当的急救措施避免的。如发生上述摔伤，一定要用门板之类的木板担架转运患儿。

（3）减少痛苦

意外事故造成的损伤往往是很严重的，常常会给患儿的身心带来极大的痛苦，因而在搬动、处理时动作要轻柔，语气要温和。不要认为救命要紧，其他事情都可以不管不顾，这样反而会加重患儿的病情。

第三部分 高级保育员

第九章

预防常见传染病和做好消毒工作

婴幼儿免疫系统发育不完善，抵抗疾病的能力较差，容易受到病原体的感染而发生传染病。加之婴幼儿在托幼机构生活，他们之间朝夕相处，接触频繁，一旦发生传染病就很容易造成传染病的流行。为了保证婴幼儿的健康，托幼机构应做好常见病和传染病的预防、消毒工作，并把这项工作作为幼儿园日常工作的重要内容。

一、学习目标

掌握传染病的预防知识和消毒措施。

二、工作程序

1. 经常性的预防工作

（1）做好日常清洁和消毒工作，消灭蚊蝇，减少疾病传播的机会。

（2）保持室内空气新鲜。

（3）做好饮食卫生工作。

（4）培养婴幼儿良好的个人卫生习惯。

（5）合理安排婴幼儿的一日生活。

（6）为婴幼儿准备平衡的膳食，以保证他们的健康发育。

（7）经常锻炼身体，增强体质，提高婴幼儿的抵抗力。

（8）严格执行晨、午、晚检查和全日观察制度，及时发现疾病。

2. 传染病的消毒措施

（1）呼吸道传染病的消毒

1）消毒方法

①开窗通风消毒。婴幼儿的活动室和寝室除每天坚持按照规定开窗通风外，在呼吸道传染病发生后（流感、风疹、水痘等），保育员还应开窗通风 3 h。

②紫外线灯消毒。保育员应在保健医生的指导下，定期使用紫外线灯照射消毒。

③使用药物对室内空气进行消毒。呼吸道传染病发生后，可以采用对室内空气进行消毒的方法。

a. 过氧乙酸消毒。传染病发生后保育员应在保健医生的指导下，用 0.2%～0.5% 的过氧乙酸对空气喷雾，每立方米的空间约喷雾 30 mL，之后关闭门窗 30 min。

b. 漂白粉澄清液消毒。传染病发生后保育员应在保健医生的指导下，用 1%～3% 的漂白粉澄清液喷雾，喷到地面湿透为止。

2）常见呼吸道传染病的消毒

①流行性感冒。流感发生后，患儿应马上隔离，保育员应及时、彻底地开窗、通风换气 15 min 以上，或按照保健医生的要求，对空气进行消毒。

②水痘。水痘发生后，患儿应马上隔离，保育员对班级活动室、寝室里的空气和物品进行消毒，开窗通风 3 h，被褥暴晒，家具、玩具及图书采用擦拭和日晒的方法消毒，衣物、被单、褥单及其他物品采用煮沸或消毒剂浸泡的方法消毒。

③病毒性腮腺炎。患儿要及时隔离，班级要及时消毒。发现患儿后，应开窗通风 15 min 以上，或按照保健医生的要求对空气进行消毒。患儿的食具、毛巾要专用，煮沸消毒，衣物、被褥要日晒消毒。配合保健医生督促接触患儿的婴幼儿口服板蓝根，预防腮腺炎。

④猩红热。发现患儿应尽快隔离治疗，室内开窗通风，对一切用具均应采用适当的方法消毒，配合保健医生对接触患儿的婴幼儿服磺胺类药物，预防猩红热。

⑤手足口病。患儿应马上隔离治疗。对空气进行消毒，患儿的食具、便盆要专用，且要作消毒处理。

（2）消化道传染病的消毒

1）按照幼儿园的规定，做好日常消毒工作（见本书“初级保育员”中的相关内容）。

2）传染病发生后的消毒工作

①被褥。在紫外线照射下，翻晒 6 h。

②食具。传染病发生后，保育员应在保健医生的指导下，用煮沸的方法或漂白粉

澄清液浸泡的方法对食具进行消毒。

③便盆。根据传染病的不同，可对患儿使用过的便盆用漂白粉澄清液或来苏儿进行不同时间、不同浓度的浸泡或喷雾消毒。

④呕吐物或排泄物。对患儿的呕吐物或排泄物，用石灰或漂白粉乳液进行搅拌、消毒。

3）常见消化道传染病的消毒措施

①病毒性肝炎。发现患儿应马上隔离治疗，保育员对本班进行消毒。患儿的食具、水杯、毛巾、衣物煮沸或用消毒液浸泡消毒，便盆用消毒液浸泡，被褥日晒消毒。患儿的大小便或呕吐物用干漂白粉（相当于粪便量的五分之一）充分搅拌，放置 2 h，然后倒掉。配合保健医生对接触患儿的婴幼儿服用或注射预防性的药物。

②细菌性痢疾。发现痢疾患儿后，应马上隔离治疗。患儿使用过的食具可煮沸或用消毒液浸泡消毒。便盆应用消毒液浸泡消毒，患儿的粪便用漂白粉进行消毒。接触过患儿的保育员或其他婴幼儿应马上用肥皂洗手。协助保健医生督促本班孩子服用茶叶煎剂，或在吃饭时吃些大蒜。

三、注意事项

1. 传染病发生后应及时隔离患儿，并做好终末消毒工作。

2. 在传染病流行期间，保育员应注意观察孩子的细微变化，如发现异常，要及时送医务室诊断。

3. 保育员接触呼吸道传染病的患儿后，应在室外晒晒太阳、吹吹风，再接触健康孩子。

4. 保育员护理患儿时应戴口罩，护理完患儿后应先洗手。

四、相关知识

1. 传染病的预防

（1）控制传染源

1）对患传染病的儿童及工作人员应立即隔离治疗，对其所在的班要彻底消毒。患者隔离期满痊愈后经医生开具证明，方可回幼儿园。

2）对患传染病的儿童所在班和与传染病人接触者应进行检疫观察，检疫期间不混班、不串班（检疫班要有标志），不收新儿童，不转出儿童，保育员要进行严密的观察，发现异常迹象应及时采取隔离措施，检疫期满后无症状者可解除隔离。各种传染病潜伏期不同，隔离期和检疫期也都不同。检疫期为从发病日算起到该病最长的潜伏期。潜伏期为自病原体侵入人体至出现症状的这段时间。各种常见传染病的潜伏期、隔离期和检疫期，见表 9–1。

表 9-1　常见传染病的潜伏期、隔离期和检疫期

病名	潜伏期		患者隔离期	接触者检疫期
	常见	最短至最长		
麻疹	10 ~ 14 天	6 ~ 18 天	无并发症者疹后 5 天	21 天
风疹	18 天	14 ~ 21 天	一般不必隔离，必要时隔离至皮疹出后 5 天	不检疫
水痘	14 ~ 16 天	10 ~ 21 天	隔离至脱痂为止，但不得少于发病后的 2 周	21 天
流行性感冒	1 ~ 2 天	数小时至 4 天	热退后 2 天或症状消失为止	最后一个病人发病后 3 天
流行性腮腺炎	16 ~ 18 天	8 ~ 30 天	至腮腺肿胀完全消失为止，至少于发病后 10 天	2l 天
病毒性肝炎（甲型）	30 天	14 ~ 45 天	自发病之日起 21 天	45 天
病毒性肝炎（乙型）	60 ~ 90 天	60 ~ 160 天	急性期应隔离至 HBsAg 阴性；恢复期不阴转者，按 HBsAg 携带处理，动态隔离，定期观察有无 HBV 复制指标，直至抗 HBs 产生	160 天
流行性乙型脑炎	10 ~ 14 天	4 ~ 21 天	隔离至体温正常为止	不检疫
脊髓灰质炎	5 ~ 14 天	3 ~ 35 天	隔离期不少于发病后 40 天	20 天
细菌性痢疾	1 ~ 2 天	数小时至 7 天	隔离至病程结束停药 5 天，或 2 次粪便培养均为阴性	7 天
百日咳	7 ~ 14 天	5 ~ 21 天	发病后 40 天或痉咳后 30 天	21 天
流行性脑脊髓膜炎	2 ~ 3 天	1 ~ 7 天	临床症状消失后 3 天，但从发病日计算不得少于 7 天	7 天
猩红热	2 ~ 4 天	1 ~ 7 天	症状消失后，咽拭子培养连续 3 次阴性，解除隔离，但自治疗起不少于 7 天	7 ~ 12 天
手足口病			隔离 2 周	
幼儿急疹	10 ~ 15 天		隔离 15 天	15 天

注：摘自北京市幼儿园、幼儿园卫生保健工作常规。

3）工作人员及婴幼儿家中发现传染病人时，应报告幼儿园保健医生，以便采取必要的检疫措施。

4）婴幼儿及工作人员入园前进行全面体格检查，凡有传染病接触史或在传染病恢复期者暂不入园。对定期体检发现的传染病人或病原携带者都要进行登记备案，并让其离开工作岗位。

5）加强晨检和全日观察，详细了解孩子的饮食、睡眠、大小便等情况，注意早期症状和发病迹象，如有可疑应立即隔离。

（2）切断传播途径

1）切断呼吸道传染病的传播途径

①室内定时通风，保持空气新鲜。

②有条件可用紫外线杀菌灯对空气进行消毒。

③传染病流行季节儿童不去公共场所。

2）切断消化道传染病的传播途径

①培养良好的卫生习惯，饭前、便后用肥皂和流动水洗手。

②不吃生冷腐败、变质、不清洁的食物。

③做好地面、餐桌、水杯、毛巾的消毒。

④消灭蚊、蝇、老鼠等传染病的媒介。

（3）保护易感人群

1）开展体格锻炼，增强体质。

2）合理安排生活，加强营养，提高抗病能力。

3）配合保健医生做好婴幼儿的预防接种工作，准确统计缺勤孩子的数量，按照保健医生的要求，及时通知缺勤孩子补种疫苗。

2. 常见传染病的预防消毒工作

幼儿园出现传染病例后，应对所在班和婴幼儿接触的场所进行彻底的消毒，消毒的方法因传染病的传播途径而异。如果患的是呼吸道传染病，如流行性感冒、水痘、腮腺炎、风疹、幼儿急疹等，要彻底开窗通风换气。如果患的是肠道传染病，如痢疾、肠炎、甲型肝炎等，对患儿使用过的物品，如便盆、马桶、玩具、桌椅等都要用适当的方法进行消毒，常用的方法有日晒法、煮沸法、药品消毒法等。

3. 幼儿园有关预防传染病的制度

在《幼儿园饮食卫生条例》中已对幼儿园的饮食卫生做了详细规定，幼儿园在日常工作中应该严格遵守规定的消毒呼吸道传染病的消毒方法，见表9–2。

表 9-2　呼吸道传染病的消毒方法

消毒对象	消毒方法	消毒时间	备注
室内空气	1. 保持空气流通，自然净化	照射时间≥ 30 min	消毒时要将门窗关闭严密，到达要求时间后再开窗通风
	2. 紫外线杀菌灯照射消毒 （1）热阴极灯 （2）匹配量 1.5 W/m^3 （3）C 段波长辐照度值≥ 70 μW/cm^2		
	3. 熏蒸 （1）过氧乙酸 1 ~ 3 g/m^3 （2）甲醛 100 mL/m^3	2 h	
	4. 喷雾：0.2% ~ 0.4% 的过氧乙酸		

肠道传染病的消毒方法，见表 9-3。

表 9-3　肠道传染病的消毒方法

消毒对象	消毒剂	消毒方法	消毒时间	备注
室内地面、墙壁、用具等	0.2%～0.4% 的过氧乙酸、5% 的来苏儿消毒剂	喷雾、擦拭	30 min	对可疑重点对象进行消毒，墙壁消毒高度≥ 2 m
食具、水杯、奶瓶、毛巾、餐巾	消毒剂	浸泡	15 min	热力消毒： （1）煮沸 15 ~ 30 min （2）蒸汽 10 ~ 15 min
衣服、被褥	消毒剂	浸泡	15 ~ 20 min	到达消毒时间后取出，用清水漂洗干净，耐湿热物品可煮沸消毒 15 min
排泄物、呕吐物	漂白粉	混合	2 h	含水量较少的污物：10% ~ 20% 的漂白粉乳剂 2 份加污物 1 份；含水量较多的污物：漂白粉干粉 1 份加污物 4 份
盛呕吐物和排泄物的容器	5% 的来苏儿	浸泡	30 ~ 60 min	消毒后要用清水冲洗
玩具、图书	5% 的来苏儿	重点擦拭	10 min	不能使用药物的可放在阳光下暴晒 6 ~ 8 h，废弃物作焚烧处理

第十章

生活管理

第一节　晨、午、晚检

一、学习目标

掌握婴幼儿健康的标准。

二、工作程序

婴幼儿病情的变化很快，掌握他们的身体情况，及时发现病情，对于婴幼儿的康复十分有益。保育员应该抓住晨、午、晚检查和全日各环节的观察，了解孩子的健康状况。

1. 晨、午、晚检查

（1）按照每日晨、午、晚检查的顺序检查孩子的身体，通过“一摸、二看、三问、四查”了解其体温、面部、淋巴等体征是否正常。

（2）与正常婴幼儿的特征、平时的表现相比照，及时发现异常。

（3）向家长了解孩子在家庭中的情况，对身体不舒服的孩子进行照顾，同时对其健康情况作出初步的预测，将已有发病体征的孩子及时送往医务室或医院治疗。

（4）指导整托婴幼儿学会根据晨检的部位做配合动作，协助教师进行晨、午、晚检查：检查下颌知道仰脖，检查前胸能够掀起上衣，检查后背知道翻身，检查腿知道脱裤子，晨检结束后，能将衬衣掖进裤腰里，并盖好被子。

（5）叮嘱有生病迹象的孩子注意休息，感到不舒服时要立即告诉保育员。

2. 全日观察

保育员应该在一日工作的各环节，仔细观察孩子的身体变化，全日观察的重点是孩子的精神、面色、食欲、大小便、睡眠及体温等情况。

（1）精神

若孩子不如平时活泼、容易发脾气、黏人、表情痛苦，说明孩子不健康了。

（2）面色

如果孩子面色比平时苍白或发红、发热，说明孩子可能生病了。

（3）食欲

婴幼儿的食欲并不是恒定的，而是会出现波动，但如果突然地失去食欲，而且有恶心、呕吐等症状则是患病的表现。

（4）大小便

大小便次数增多，小便颜色加深，提示孩子身体可能异常。

（5）睡眠

平时入睡快，睡得安稳，现在则入睡困难、睡眠不安、烦躁、哭闹等，均为患病的表现。

（6）体温

婴幼儿体温达到 37.5 ℃以上，说明身体出现异常。

三、相关知识

婴幼儿生病的迹象主要表现如下：

1. 精神

正常婴幼儿活泼好动，爱玩，对周围环境很感兴趣。生病婴幼儿会表现出不爱玩、没精神、烦躁不安、哭闹等精神方面的异常。

2. 表情

正常婴幼儿眼神灵活，看上去非常有精神。若中枢神经系统患病则会出现眼神发呆，似凝视远方，同时有尖声啼哭等现象。

3. 面色

健康的婴幼儿面色红润。若婴幼儿面色苍白、发黄，翻开下眼皮可见明显缺少血色，常见于营养不良性贫血。颊部、口唇、鼻尖等处发青，可见于某些先天性心脏病。

4. 饮食

（1）食欲不振

一般婴幼儿生病都会影响食欲，同时还会出现以下症状：

1）恶心、呕吐。平时食欲好，此时突然不想吃饭。尤其厌食油腻，并伴有恶心、呕吐。这常是传染性肝炎的表现。

2）脸色苍白。食欲逐渐减退，脸色渐渐失去红润，应该检查血红蛋白是否正常。

3）维生素 A 中毒表现。维生素 A 中毒的主要表现是厌食、头发脱落、骨头痛等。

（2）异嗜癖

异嗜癖是指婴幼儿对食物以外的物品有不可自制的食欲，如喜吃泥土、蜡烛、煤渣、纸张等。钩虫病患儿常有异嗜癖。缺锌、缺铁的幼儿也可有异嗜癖。

（3）食欲亢进

婴幼儿吃得多、喝得多、尿多，即出现“三多”症状，同时皮肤常生疮生疖，应检查是否患有糖尿病。心理异常也可有贪食的表现。

5. 大小便

（1）大便异常

1）粪便表面有鲜血。血与粪便不混在一起，同时每当排便便哭闹，可能为肛门裂（肛门皮肤有裂口）。

2）脓便血。便次多，刚拉完又想拉，总有排不净大便的感觉，伴发烧，大便为脓血样，为细菌性痢疾的表现。

3）“红果酱样”大便。出现阵阵腹痛，频频呕吐，大便呈“红果酱样”（为血和黏液），可能为肠套叠，2 岁以下婴儿多见。

4）“白陶土样”大便。患黄疸型肝炎，粪便呈白陶土样，同时尿色加深如醋黄色。

5）“柏油样”大便。流鼻血时若将血咽下，大便可呈黑色柏油样。若鼻血止住后，大便逐渐恢复正常，就不必为此担心。假如未流鼻血，大便仍呈柏油样，则表示发生了消化道出血，应立即诊治。

6）腹泻。粪便稀，甚至呈蛋花汤样，大便次数增加。婴幼儿腹泻可能是因为喂养不当、使用不洁的食具或吃了不干净的食物等引起的。

7）便秘。较长时间不排便，粪便过干，排便困难。

（2）小便异常

正常的尿液应清澈透明呈淡黄色，而且排尿次数相对稳定。如果尿液的颜色、排尿的次数和排尿量出现异常，则是患病的表现。

1）尿液呈红色。尿液像洗肉水一样，同时眼皮浮肿，常见于急性肾炎。

2）尿量明显减少。眼皮浮肿，常是肾脏疾病的表现；腹泻伴有尿量明显减少，是脱水的表现。

3）排尿次数明显增加。憋不住尿，可以是泌尿系统感染的症状。

6. 睡眠

正常婴幼儿上床后能很快入睡，且睡得安稳，无鼾声，身上可有微汗。如果出现入睡困难或嗜睡、睡眠不安等现象，就是患病的表现。

7. 囟门

（1）前囟凹陷

前囟未闭的婴儿，可以因脱水而导致囟门松弛、凹陷。

（2）前囟隆起

婴幼儿坐位时，前囟紧张、鼓出，主要见于脑膜炎、脑炎等颅内压力增高的疾病。维生素 A 中毒后也可见到这种现象。

8. 体温

正常婴幼儿腋下测得的体温为 36 ~ 37.4 ℃，体温波动的幅度约 1 ℃。体温 37.5 ~ 38 ℃为低烧，体温在 39 ℃以上为高烧。

婴幼儿的发烧是身体对细菌、病毒等的刺激所产生的一种反应，发烧是“动员令”，动员身体的防御力量围剿入侵的敌人——细菌和病毒。当然，在激烈的斗争中，身体也要受到一定的伤害，损失一定的营养和热量，也会影响消化和神经系统，使婴幼儿吃不好、睡不安，严重的还可导致抽风。可引起高烧的常见病有感冒、急性扁桃体炎、幼儿急疹、猩红热、流行性脑脊髓膜炎（以下简称“流脑”）、流行性乙型脑炎（以下简称“乙脑”）、中毒性痢疾等。

第二节　做好预防接种的协助工作

一、学习目标

掌握幼儿园协助预防接种工作的内容和方法。

二、工作程序

预防接种能够使婴幼儿产生对传染病的免疫力，防止传染病的流行。婴幼儿从出生就开始进行预防接种，直至 13 岁。3 ~ 6 岁幼儿的预防接种是在幼儿园完成的，幼儿园的预防接种不仅是保健医生的工作，而且还需得到保育员的配合，其中，保育员应为预防接种所做的工作有：婴幼儿人数的统计、婴幼儿的组织、对婴幼儿的照顾及与家长的联系等。

1. 准备工作

保育员为婴幼儿预防接种应做的准备有：通知家长，自己了解该次预防接种的内容。

（1）通知家长

在预防接种的前一天，保育员应该通知家长为孩子洗澡、清洁皮肤，以防接种局部的感染。如果没有身体的不适，在接种的当天应尽量送孩子上幼儿园。保育员应保证孩子早餐吃饱，不要空腹。

（2）了解接种的内容

保育员应了解此次接种的名称、目的，以及接种的注意事项。

2. 统计人数

保育员应协助教师统计当天到园的人数和名单，并做好准确的记录；同时，记录班级生病未到园孩子的名单以便及时补种，并将在园但身体不适孩子的症状及时通知医务室，由医生决定是否接种。就一般情况而言，发烧、有过敏史的孩子应暂时避免接种。

3. 保证接种的秩序

（1）保育员清点人数，要求孩子按照名单的顺序排队，并让其记住自己在队伍中的位置。

（2）保育员要鼓励孩子们勇敢，不哭闹。

（3）保育员协助进行接种工作。

保育员应与本班教师配合，一人站在接种孩子的旁边，一人站在队尾。站在接种幼儿旁边的教师应确认孩子的姓名，帮助孩子脱上衣、撸衣袖，亲切地问候孩子，以减轻其紧张的情绪。如果出现哭闹不止的情况，应搂抱、安慰孩子，同时帮助固定其上臂。提醒后面的孩子解开衣扣，做好准备。站在队尾的保育员要与孩子轻松地交谈，在消除孩子们紧张情绪的同时，还要维持秩序，帮助接种结束的孩子迅速穿好衣服，送他（她）回教室。

（4）预防接种后的协助工作。预防接种后，保育员可组织轻微活动，注意避免孩子受凉、受热，注意观察孩子的体温、食欲和精神，发现异常应送医务室检查。

4. 接种中和接种后的异常问题及处理

接种时婴幼儿可能会由于害怕、空腹等原因出现“晕针”现象，这时保育员可以让孩子平卧，喝些糖水，安静休息，不久即可恢复。接种后 24 h 会有局部或全身的反应，如注射部位红肿疼痛，严重者可引起附近淋巴结肿大，有压痛，全身可出现发烧、头疼、恶心、呕吐等，这些症状在 1 ~ 2 天后就会消失。对注射处出现的红肿，可采用局部热敷的方法，几星期后便可消肿。发烧的孩子可遵医嘱服用退热药。注意区分预防接种的反应与疾病的症状。

三、注意事项

1. 做好接种前的准备工作。

2. 与医生、教师积极配合。

3. 安慰婴幼儿，保证预防接种的秩序。婴幼儿害怕打针是正常的，保育员应尽量转移孩子对恐惧的注意力，轻松地与孩子说话、游戏，及时鼓励每个孩子的勇敢表现，帮助他们顺利渡过这一关。此外，保育员应组织好接种结束的孩子，使其迅速离开医务室。

4. 预防接种后应密切关注婴幼儿的身体状况，如发现异常应及时送医务室。

四、相关知识

1. 预防接种

预防接种又称人工免疫，是将疫苗通过适当的途径接种到人体内，使人体产生对该传染病的抵抗力，从而达到预防传染病的目的。

2. 免疫知识

（1）抗原

凡能刺激人体产生抗体，并能与相应的抗体发生特异性反应的物质，称为抗原。如麻疹病毒、结核杆菌等病原微生物为抗原。

（2）抗体

病原微生物刺激人体后，机体会产生一种具有抗御作用的特异性质的蛋白质，这种蛋白质叫作抗体，它以不同的方式消灭侵入机体的病原微生物及其所产生的毒素。机体产生了抗体，就具有了免疫力。但抗体具有特异性，一种抗体只能作用于相应的抗原，因此要进行多种预防接种，才能具有对多种传染病的免疫力。如注射麻疹疫苗后，就能刺激机体产生对抗麻疹病毒的抗体，机体对麻疹就有了免疫力。

（3）免疫的种类

免疫分为特异免疫和非特异免疫。特异免疫又称获得免疫，非特异免疫又称天然免疫。

1）天然免疫。天然免疫是先天遗传的人体防御机能，如皮肤的屏障作用、白细胞的吞噬作用等。天然免疫是非特异性的，其对许多种微生物都有作用，而不是专对某一种微生物。

获得免疫是人出生后才产生的。其产生的先决条件是必须与入侵的微生物相接触，它的作用是特异的，只针对曾与之接触的微生物产生作用。其中，自然自动免疫是指患过某种传染病后所获得的免疫力；自然被动免疫是母体传给胎儿或婴儿的，这种抗体在 6 个月左右即行消失。

2）人工自动免疫。人工自动免疫是向机体输入抗原（如疫苗、类毒素），在抗原影响下，使机体产生抗体而起到免疫作用。自预防接种至机体产生抗体需一定时间，但抗体持续时间较久（1 ~ 5 年）。人工被动免疫是将动物或人的血清中的现成抗体（如抗毒素）注入人体，可迅速出现免疫效果，但抗体消失较快（为 3 周左右）。

（4）疫苗

能使人体产生免疫力的一切病原微生物制品统称为疫苗，包括疫苗、菌苗及类毒素。疫苗是指由病毒制成的生物制品；菌苗是指由细菌制成的生物制品；类毒素是指由细菌外毒素经减毒而制成的生物制品。

疫苗和菌苗基本上都有活的和死的两种。活的疫苗和菌苗，是用经过特殊培养、毒力减弱的病毒或细菌制成，如卡介苗。死的疫苗或菌苗，是把培养好的病毒或细菌杀死去掉其毒力制成，如乙脑疫苗、百日咳菌苗。

3. 计划免疫

为了提高人群免疫水平，控制和消灭传染病，必须进行系统、有计划、有组织的预防接种。各地防疫部门根据当地传染病的流行趋势，人群免疫水平以及各种预防制剂的免疫效果等，制定出该地区儿童的免疫程序并供应疫苗，组织接种工作。托幼机构应密切配合防疫部门，按免疫程序实行预防接种。

（1）基础免疫

一般 6 个月以上的乳儿从母体获得的抗体已逐渐消失，容易感染疾病。为了达到保护的目的，选择几种对婴幼儿威胁较大的传染病疫苗，在短期内接种到他们的体内，使他们获得对这些传染病的免疫力，并为今后的免疫打下基础。这种初次接种叫基础免疫。

由于疫苗种类不同，完成基础免疫所接种的次数也有所区别。一般情况下，活疫（菌）苗，因免疫效果好，只需接种一次就可达到基础免疫的效果。死疫（菌）苗，因免疫效果较差，必须接种几次才能达到基础免疫的效果。

（2）加强免疫

经基础免疫后体内获得相当的免疫力，经一段时间后免疫力下降到一定程度时，若重复接种一次就可使免疫力再度提高，以巩固免疫效果。这种复种称为加强免疫。

4. 预防接种证制度

我国于 1991 年颁布的《中华人民共和国传染病防治法实施办法》第二章第十二条规定："国家对儿童实行预防接种证制度。适龄儿童应当按照国家有关规定，接受预防接种。适龄儿童的家长或者监护人应当及时向医疗保健机构申请办理预防接种证。托幼机构、学校在办理入托、入学手续时，应当查检预防接种证，未按规定接种的儿童应当及时补种。"

儿童免疫的程序表，见表 10–1。

表 10–1　儿童免疫程序表

年龄	疫苗名称									
	卡介苗	乙肝疫苗	脊髓灰质炎疫苗	百白破三联疫苗	麻疹疫苗	风疹疫苗△	流腮疫苗△	麻风腮三联疫苗＊△	乙脑疫苗	流脑疫苗
出生时	√	√								
1 月龄										
2 月龄			√							
3 月龄			√	√						
4 月龄			√	√						
5 月龄				√						
6 月龄	√									√
8 月龄					√					
1 岁			√	√	√	√	√	√	√	√
2 岁									√	
4 岁			√							
6 岁									√	

注：＊麻风腮三联疫苗可替代麻疹、风疹、流腮单价疫苗。△为收费疫苗。√为接种时间。

5. 传染病的消灭

地球上已经消灭的传染病是天花。1980 年 5 月 8 日，第 33 届世界卫生大会向全世界庄严宣布：天花已在地球上彻底被消灭。这是世界卫生史上空前的成就。

世界卫生组织要求在全球被消灭的第二个传染病是脊髓灰质炎。脊髓灰质炎俗称小儿麻痹症，是由脊髓灰质炎病毒引起的传染病。预防该病的措施是口服脊髓灰质炎糖丸。由于糖丸容易被婴幼儿普遍接受，因此有利于广泛推广服用。只要各国共同努力，消灭小儿麻痹这个目标是一定能实现的。

第三节　进餐管理

第一单元　照顾不同体质的婴幼儿进餐

一、学习目标

能够指导不同体质的婴幼儿进餐。

二、工作程序

1. 照顾体弱儿进餐的基本原则

保育员在婴幼儿进餐过程中，除了要做好进餐的准备工作和照顾好全体婴幼儿外，还应对个别孩子进行照顾。接受个别照顾的孩子多为体弱儿和有不良进餐习惯的孩子。保育员对这类婴幼儿进行个别照顾的原则有以下几点。

（1）区分体弱儿与正常儿

保育员在平时的工作中，应注意观察并及时与保健医生和家长联系，准确做好观察记录，以确定体弱儿的名单。

（2）根据体弱儿的特点进行个别照顾

保育员应记录体弱儿的症状、食欲、进餐量、进餐的速度及对食物的喜好，以便在保健医生的指导下，为体弱儿制订适宜的膳食计划和个别指导方法。

（3）循序渐进地养成体弱儿的良好饮食习惯。

（4）照顾体弱儿的进餐需要，但不强迫体弱儿进餐。

2. 对体弱儿的具体照顾

体弱儿是指患有以下疾病的婴幼儿：维生素D缺乏性佝偻病，营养性缺铁性贫血症，营养不良症，呼吸道和肠道反复感染，先天性心脏病，癫痫病，神经发育迟缓，常见畸形等，他们都需要保育员对其进餐实施具体照顾。保育员的具体工作如下：

（1）维生素D缺乏性佝偻病患儿的照顾

1）防治佝偻病的关键之一是合理喂养，多给婴幼儿补充富含维生素D、钙、磷及蛋白质的食物，如蛋黄（每100 g含维生素D 250国际单位）、肝脏、鱼类、鱼子、奶制品等。

2）保育员应在婴幼儿进餐中提醒他们不剩饭菜，不挑食。

3）循序渐进。对不喜欢吃蛋黄的孩子可从少量开始，以后逐渐增多；帮助蛋黄下咽困难的孩子，用奶或稀粥将蛋黄冲下嗓子。

4）鼓励孩子坚持喝奶，补充钙质。

（2）营养性缺铁性贫血症患儿的照顾

幼儿园应专门为患病的婴幼儿制作补铁膳食，即含铁和蛋白质丰富的食物，还应辅之以维生素C丰富的食物。如婴幼儿应多吃猪肝、动物血、瘦肉、豆制品等食物，饭后应补充维生素C丰富的酸味水果，以帮助铁的吸收。保育员应注意纠正婴幼儿偏食、挑食等不良习惯，使婴幼儿逐渐接受他不喜欢的食物。若患儿没有食欲，可让他少食多餐。

（3）营养不良症患儿的照顾

营养不良一般是由于患有急慢性感染或喂养不当，或膳食选配不合理，或有不良的饮食习惯等造成的。患儿常表现为消瘦、低体重和严重慢性营养不良。幼儿园应为营养不良的婴幼儿制作专门的膳食，膳食的营养要均衡且搭配合理，符合婴幼儿的饮食特点。保育员对营养不良的孩子要进行细致的观察，发现他们进餐的特点，如速度、进食量是否变化，以及对食物的喜好等。根据孩子的特点，调整其进餐的状况，使所提供的膳食既营养全面，又迎合孩子的喜好；督促其专心进餐，并逐渐增加进食量，从而改善孩子的身体状况。

（4）反复感染疾病患儿的照顾

患儿具体表现为抵抗力差，在3个月内反复感染疾病。对处于疾病感染期间的婴幼儿和恢复期带药来园的婴幼儿，保育员要注意的内容有：

1）掌握患儿的进食量，以八成饱为宜，不可过量或过少。

2）患儿没有食欲不可强求。

3）患儿的饮食应该做到有营养、易消化，以流质、半流质为主。

（5）先天性心脏病患儿的照顾

保证孩子正常饮食，不可过量。

（6）癫痫病患儿的照顾

保证孩子正常饮食，注意进食量，不可过量。

（7）精神发育迟缓和畸形婴幼儿的照顾

保育员应在进餐环节对他们多加注意，给予较多的帮助。神经发育迟缓和畸形的婴幼儿动作慢、不熟练，需要成人的帮助和指导，保育员在他们吃饭和喝水时应努力做到以下几点：

1）不催促、不批评、不歧视，不把他们当作负担。

2）允许他们进餐的速度较正常孩子慢些，自我服务的质量差些。

3）在孩子需要时及时给予帮助。

4）注意防止他们出现将异物吸入气管的意外情况，发现异常及时处理。

3. 对肥胖儿的照顾

对肥胖儿的照顾应侧重于帮助他们减肥。幼儿减肥的原则是：在保证其生长发育所需的膳食营养平衡的基础上，控制脂肪和糖的摄入量。对肥胖儿的照顾应注意以下几点：

（1）限制进食量

进餐时应在满足基本营养及生长发育需要的前提下，适当限制肥胖儿的进食量。当肥胖儿要求添饭时，应给予体积大、热量少的食物，多给予蔬菜，尽量少添加主食。

（2）控制进食速度

在进餐过程中，保育员应不断提醒肥胖儿放慢咀嚼和吞咽的速度，要求他们细嚼慢咽，一定要将食物咀嚼细碎后再吞咽。

（3）家、园相互配合

保育员应与家长配合，使肥胖儿在园内和在家庭都能按照科学的原则调整膳食，经常鼓励并树立家长对肥胖儿减肥的信心，做到持之以恒。

第二单元　培养婴幼儿文明进餐的习惯

婴幼儿进餐习惯的培养需要较长的过程，需要成人反复的提醒和纠正，保育员在这里起着重要的作用。

一、学习目标

能够培养婴幼儿文明的进餐习惯。

二、工作程序

1. 进餐定时和定位

进餐定时、定位可以帮助婴幼儿形成进餐与进餐环境的神经联系，养成良好的进餐习惯。定时，是每当进餐时间到来，婴幼儿便能产生食欲。定位，要求保育员为婴幼儿进餐准备舒适的餐椅，且位置要固定；要求婴幼儿在自己的座位上进餐，不可端着碗四处走动，也不能走到哪吃到哪。

2. 饮食定量

保育员应培养婴幼儿饮食有节制的习惯，防止出现喜欢的食物就贪食，不喜欢的食物就拒食的现象。

3. 专心进餐

进餐应该是在情绪愉快、平静、注意力集中的情况下完成的，任何与进餐无关的活动都会影响婴幼儿的食欲。保育员若在婴幼儿进餐时批评他们，或婴幼儿在进餐时玩耍、看书、看电视等，都会降低食欲，影响食物的消化。

4. 不偏食

偏食会造成营养不良，因为没有任何一种食物能为婴幼儿提供全面的营养，只有杂食、不偏食，才能有助于婴幼儿获得全面的营养。因此，使婴幼儿接受各种口味的食物从而保证对营养的全面摄取十分重要。

人的口味是在婴幼儿时期形成的，偏食往往会受到家庭环境的影响。家庭中习惯摄取的食物、制作膳食的滋味会形成婴幼儿最初口味的接受范围。另外，父母关于食物的言谈、态度和行为，也会影响婴幼儿对食物的接受程度。但是，若婴幼儿挑食，而成人迁就其行为，则会助长婴幼儿挑食、偏食的习惯。

因此，家长应尽量为婴幼儿树立良好的榜样，广泛摄取食物，培养其杂食的好习惯。

5. 注意饮食卫生

保育员应注意培养婴幼儿饭前饭后、便前便后洗手，饭后漱口刷牙，吃饭时尽量做到不撒饭、不剩饭、不浪费粮食，不吃不清洁、不新鲜、腐烂变质的食物，不喝生水，不捡食地上物品的习惯。

6. 学习餐桌文明

保育员应注意婴幼儿进餐文明习惯的培养：细嚼慢咽，咀嚼和喝汤不出声；正确使用餐具，不用手抓；餐具相互碰撞不应发出过大的响声，不敲碗筷；夹菜不挑挑拣拣；餐桌上应礼让，不应独占爱吃的食物等。

三、注意事项

1. 不强迫婴幼儿进餐

如果孩子食欲下降，成人应耐心地等待他们食欲的上升，不应不分青红皂白地强迫他们进食。如果成人要纠正孩子偏食的习惯，应耐心地、循序渐进地使他们对食物逐渐产生好感，操之过急是不可取的。

2. 培养婴幼儿文明的进餐习惯

（1）家长应为婴幼儿树立良好的进餐榜样。

（2）保育员和家长应注意进餐习惯的培养应循序渐进，要不断地予以提醒和纠正，而不能操之过急，不能要求婴幼儿经过一顿饭的教育就形成文明的就餐习惯。

（3）文明进餐习惯的培养不应以影响食欲为代价。

四、相关知识

婴幼儿的进餐习惯和进餐心理，在很大程度上受成人对他们的饮食态度和喂食方法的影响。成人若根据婴幼儿的心理，因势利导地采取适当的方法，便可使其形成良好的进餐习惯。相反，无视婴幼儿的进餐心理，对婴幼儿的喂养方式不当，就会引起婴幼儿对进餐的反感，降低食欲。所以，保育员了解婴幼儿的进餐心理并掌握恰当的喂养方式是十分重要的。

1. 婴幼儿的进餐心理

（1）不同年龄婴幼儿的进餐兴趣不同

出生后第 1 年的食欲好，他们既喜欢吃液体食物，又喜欢吃成人吃的固体膳食。1 ~ 3 岁食欲下降。在此之后的年龄段，幼儿对食物的兴趣又高涨起来。这是与婴幼儿生理发展变化的需要和他们对外界事物的兴趣相一致的。

（2）婴幼儿对外界事物的兴趣影响进食

1）1 岁前。此阶段婴儿的食欲旺盛，对他能够接受的任何食物都来者不拒。在这个时期，婴儿的身高增长得很快，可达出生时的 50%，体重增长可达出生时的 3 倍左右。这时，婴儿的能力使他无法从事激烈运动和探索外部世界，进食是婴儿的一个主要的关注点。

2）1 岁后。婴儿的食欲有了明显的变化。由于身体发育的速度减慢了，进食量也降低了，对食物的兴趣开始下降。由于味觉功能的提高，婴儿对食物开始挑剔了。进食时经常不能集中注意力，总能发现有比吃更有趣的事情，于是他们开始在吃饭时淘气，甚至拒绝进食。这时，更能吸引他们的事情是新动作技能的操练和对外部世界的探索。

3）2 ~ 3 岁。外面的世界依然很精彩，吸引着婴儿进餐时的注意力，他们的食欲仍然不高。这时，婴儿辨别味道的能力进一步增强，开始形成对某类食物的偏好，不喜欢经常改变食物的种类、口味，甚至不喜欢进餐环境的改变。在 2 岁前后，婴儿的独立意识开始萌芽，他们争先恐后地做任何事情，但又力不从心。在进餐中，他们争取独立进食，但又搞得一片狼藉，如果成人因势利导让其自己吃饭，并在旁边辅助，就会提高婴儿吃饭的兴趣，又可提高其进餐的能力。

4）3 岁后。进餐技能的提升使幼儿喜欢进餐，他们开始尝试不同的食物，对进餐的兴趣有了提高，食量开始增加，食欲也比较稳定。

5）4 岁。语言能力的增强，使他们对说话（经常自言自语）感兴趣，吃饭时的喋喋不休转移了他们对进餐的兴趣，使他们的食欲有所下降。

6）5 岁左右。对食物的兴趣增加，进食量显著提高，开始喜欢尝试各种不同的食物，进食状况进入稳定、多样化的时期。较大的幼儿喜欢形式多样的食物，例如，总给孩子吃馒头，他就会食欲索然，但如果将馒头制作成各种动物的外形，则会提高他的食欲。食物在外形、颜色上的变化，使用餐具的不同，进餐位置的变化，进餐时环境的改变，都会提高幼儿的食欲。

2. 婴幼儿食欲的波动性

婴幼儿的食欲会表现出波动性。婴幼儿的食欲不是恒定不变的，有时表现出极强的食欲，食量也很大，有时却显得毫无食欲，吃饭很勉强。如果婴幼儿没有其他身体的异常状况，精神状况也正常，就属于正常情况。像成人一样，人的食欲不可能永远旺盛，会表现出时高时低的波动，但并没有影响身体健康。只要婴幼儿的周围有其他兴奋点存在，如一个未讲完的故事、一段动画片、某种还不会玩或刚学会的游戏、某种好玩的玩具等，都是影响婴幼儿进餐兴趣的因素。但健康婴幼儿低食欲现象不会持续很长的时间，一两顿饭后其食欲又恢复了。成人大可不必因为婴幼儿偶尔的食欲减退而紧张不安，甚至为了达到成人制定的膳食量标准，而强迫孩子进餐、追逐孩子喂饭，这样只会破坏孩子的食欲。因为食欲不是强迫来的，只有良好的环境和情绪才能产生旺盛的食欲。因此，成人正视婴幼儿食欲或进食量的偶尔波动，有利于有效地处理婴幼儿进餐中出现的问题，有利于婴幼儿良好情绪和行为习惯的形成。

3. 婴幼儿的口味不同于成人

婴幼儿的口味不同于成人，他们更喜欢吃甜食，喜欢吃味道纯正的食物，而不喜欢吃杂味食物，不喜欢吃过冷过热的食物，不喜欢吃有刺激性的食物。了解这些特点可为成人组织婴幼儿膳食提供帮助。

第四节　盥洗和如厕照护

第一单元　组织婴幼儿盥洗

幼儿园的教育是一个有机的整体，对婴幼儿的教育不仅体现在正式的教育活动中，还应渗透到幼儿园的各个生活环节中。盥洗是幼儿园一个过渡性的生活环节，保育员可以通过对这个环节的组织和管理，对婴幼儿进行谦让意识、生活能力和清洁习惯等的教育和培养，为婴幼儿适应社会打下基础。

一、学习目标

能够独立地组织婴幼儿的盥洗。

二、工作程序

1. 组织盥洗的准备

保育员应为婴幼儿提供清洁消毒过的毛巾、大小适中的肥皂，并保持盥洗室地面清洁和干燥。

2. 盥洗组织的原则

保育员应明确地向婴幼儿说明盥洗的规则，提出盥洗的要求。要求婴幼儿互相谦让，不拥挤、不打闹、不玩水，清洗认真。

3. 盥洗的组织

（1）分组

将孩子分为若干小组，每组 5 ~ 6 人。

（2）保育员的位置

保育员应站在盥洗室的门口，这样做的目的是既能了解盥洗室的情况，又能有序组织未盥洗的孩子。

（3）盥洗的人员安排

组织一部分孩子进入盥洗室，数量以保证盥洗不等待、盥洗室不拥挤为度。

（4）保育员对盥洗婴幼儿的帮助

保育员应认真观察，及时发现孩子在盥洗、如厕中出现的问题，并及时解决问题，如帮助婴幼儿提裤子、擦屁股、卷衣袖等。

（5）检查婴幼儿盥洗的质量

保育员应该检查孩子的手洗得是否干净，检查的部位是手指缝、手背、手指甲、手腕等。在冬季还应督促孩子搽润肤油。

（6）组织盥洗室外的婴幼儿活动

保育员在关注盥洗室内孩子的同时，还应照看室外的孩子，组织他们进行游戏，例如手指游戏、猜谜游戏、讲故事等。

（7）随洗随吃

让盥洗完毕的孩子回到座位吃饭，随洗随吃，不必让孩子等待其他小朋友。

（8）对个别孩子的照顾

让吃饭速度慢的孩子先洗先吃；多提醒关注喜欢玩水打闹的孩子，要求其按秩序和规则盥洗等。

三、注意事项

1. 注意盥洗的秩序，嘱咐孩子不拥挤、不打闹。

2. 及时帮助解决意外问题。需要帮助的对象包括能力较差（不会独立穿脱裤子如厕和洗手）的孩子、遇到困难的孩子，问题包括在盥洗中摔倒、尿湿裤子、洗手洗湿衣服等。

3. 注意盥洗后的检查工作，防止婴幼儿做事马虎、敷衍了事。

四、相关知识

幼儿园盥洗的组织原则如下：

1. 盥洗前应向孩子强调盥洗的纪律要求、卫生要求以及注意事项。

2. 保育员对盥洗的组织应有计划性。分组的方法、盥洗的顺序、盥洗室外孩子的活动内容和形式等，都应在保育员的计划范围之内，做到有条不紊。

3. 全面照顾、及时督促、仔细检查，使盥洗这一环节既能让孩子达到清洁自身的目的，又能对他们起到一定的教育作用。

4. 培养婴幼儿的自理能力，不包办代替。

5. 尽量减少孩子的等待时间。

6. 培养婴幼儿良好的盥洗习惯，具体方法如下：

（1）培养婴幼儿勤洗手的习惯。应培养婴幼儿饭前饭后、便前便后洗手的习惯；婴幼儿外出游戏归来也应督促其洗手，使其养成手脏了就洗的好习惯，随时保持手的清洁。

（2）培养婴幼儿每天洗脸、洗脚、洗屁股的习惯。

（3）培养婴幼儿饭后漱口，早、晚刷牙的习惯。

（4）培养婴幼儿经常洗头、洗澡和换衣的习惯。

（5）培养婴幼儿勤剪指甲（趾甲）和男孩子勤剪头发的习惯。

7. 组织形式要灵活。较小的孩子可以采用分小组、按次序盥洗的组织形式，而大班幼儿则不同，他们可以自己进入盥洗室，能够做到主动排队、互相谦让、学会等待。

第二单元　培养婴幼儿的排便习惯

一、学习目标

学会训练婴幼儿大小便，培养婴幼儿良好的大小便习惯。

二、工作程序

1. 婴幼儿小便的训练

婴幼儿排尿的指导和训练，是让婴幼儿在产生尿意的时候能主动控制，并将尿液排在便盆或厕所里。要做到这一点并非易事，需要进行长时间的练习。

（1）1 岁前

1）及时更换尿布。婴儿开始使用尿布时，保育员应注意给婴儿勤换尿布，让他感受到干尿布与湿尿布的不同，为婴儿感受尿意打下基础。

2）声音或语言伴随。在婴儿排尿时保育员可以发出某种固定的声音，让孩子将此声音与排尿建立联系，或者同时用语言表达，如“尿尿”“哗哗”“嘘嘘”等。让婴儿逐渐熟悉这些词汇，并学会用此词来表达自己的尿意。

3）掌握婴儿排尿的时间。保育员还应注意婴儿的饮食量、出汗情况、季节与气温特点，以及婴儿的身体活动情况，以便较准确地把握给婴儿把尿的时间。

（2）1 ~ 3 岁

这个年龄阶段是排尿训练的最佳时期。此时，婴儿膀胱的储尿能力和括约肌的收缩能力有所增强，能在短时间内憋住尿液，为有意识地控制排尿提供了条件。

1）训练排尿的季节。排尿训练的最佳季节是温暖的春、夏季。这两个季节的便盆不凉屁股，尿湿的裤子也容易晾干，而且婴儿排汗较多，排尿的间隔时间相对较长，有利于成人掌握婴儿排尿的时间。

2）准备工作。保育员应为婴儿准备清洁、不冰凉的便盆，便盆放在固定的、婴儿能够看到、易拿的地方。另外还应准备柔软、卫生的擦便纸，并放在便盆附近。

3）注意观察和及时提醒。训练排尿时保育员应注意观察婴儿的表情和姿势。婴儿在排尿前通常伴有打冷战、发愣、下蹲等表现。保育员觉察后应及时帮助其脱裤子，坐盆排尿。

4）教会婴儿用动作或语言表达尿意。保育员觉察出婴儿的排尿要求后，应不断用语言重复孩子的需要，使其逐渐熟悉、学会用语言表达尿意。

5）环境要求。在训练排尿期间，应尽量保持日常生活的安定和祥和，减少动荡不安和紧张气氛。保育员应努力为婴儿创设一个宽松、愉快、平等的气氛，以减少婴儿的紧张和焦虑，从而有助于婴儿排尿习惯的形成。

6）不强迫婴儿排尿。当孩子拒绝排尿时，不可强迫孩子排尿。

（3）3 岁后

1）保育员应注意保持幼儿园厕所的清洁卫生，使厕所无粪便、无异味，地面干爽。

2）为小班孩子穿脱裤子，督促和协助中、大班幼儿自己穿、脱裤子和卷裤管。

3）允许孩子随时排尿，应注意观察其是否憋尿或频繁小便。

4）保育员应注意提醒孩子排尿，防止他们因为玩耍而憋尿。

5）关注孩子的饮水量和进食量，根据具体情况估计他们排尿次数和排尿量，及时发现意外情况。

6）在小班孩子小便后应及时为他们擦屁股，冲厕所。提醒中、大班幼儿自己擦屁股、冲厕所。

2. 婴幼儿大便的训练

与控制排尿相比，帮助婴幼儿学会控制大便的训练要容易得多。成人在训练婴幼儿排便时，应遵循以下几点：

（1）排大便的准备

物质的准备同小便。此外，应让孩子熟悉便盆，在没有便意的时候，可让全体孩子围着尿布轮流坐便盆，连续熟悉几天，直至陌生感消失。这样可为婴幼儿成功排便创造条件。

（2）注意婴幼儿排便前的动作表现

婴幼儿在排便前常排出有臭味的气体，同时伴有身体用力的动作，小脸憋得通红，眼神凝定并发出使劲的声音。此时保育员应及时将孩子放在便盆上。

（3）培养婴幼儿每天排便的习惯

保育员应尽可能地帮助婴幼儿养成每天排便的习惯，防止便秘。可以让孩子在饭后坐在便盆上，利用结肠反射将大便排出。让孩子多参加体育活动，多饮水、多吃蔬菜和水果，也利于排便。

（4）应避免婴幼儿在排大便时吃东西或玩耍

排便是一种条件反射，需要专心致志。如果孩子在排便时吃东西或玩耍，便会分散注意力，不利于排便反射的建立，而且，较长时间坐盆还会造成肛门脱出和腿部、臀部的疲劳麻木，不利于婴幼儿的健康。婴幼儿每次排便的时间应以 10 min 左右为宜，时间不可过长。

（5）孩子排便后给予赞扬和鼓励

孩子成功地排出大便后，保育员应对其进行赞扬和鼓励。不要对孩子的粪便表现出厌恶的神态，防止孩子出现心理性便秘。

3. 婴幼儿良好排便习惯的培养

（1）准备

做好卫生工作，保证厕所清洁、明亮、安全。同时还应为较小孩子准备干净的便盆，为较大孩子准备清洁的便池。

（2）精神环境

保育员应为婴幼儿创设轻松、愉快的精神环境，消除由排便带来的紧张心理，使婴幼儿乐于排便。帮助婴幼儿了解排便的作用，及时鼓励他们的排便行为。对孩子排便的失误应泰然处之，努力消除孩子的失败感和挫折感。帮助他们解决各种排便带来的困难。

（3）按时排便

保育员在婴幼儿进餐后不组织游戏活动，应提醒他们安静排便，从而形成规律的排便习惯。

（4）排便少干扰

保育员应注意保证婴幼儿专心排便，养成排便时安静、不打闹、不吃东西、不读书的良好习惯。保育员不应在此时给孩子讲故事、组织唱歌。较小的孩子出现排便预兆，保育员的表情应自然，行为不可过分慌张。

（5）便后的卫生工作

4 岁前的孩子排便后应由保育员擦屁股，4 岁后的幼儿保育员应教其排便后从前向后擦屁股。培养婴幼儿便后冲厕、洗手和将衣裤穿整齐的习惯。

三、注意事项

1. 发现孩子有大、小便的迹象，应有条不紊地处理，不可表现得过于紧张，避免影响孩子排便的情绪。

2. 组织婴幼儿大、小便时，保育员应注意保持厕所的安静，不可给他们讲故事、唱歌，防止他们注意力不集中，影响排便反射的形成。

3. 掌握每个孩子的排便规律，灵活做好排便的组织工作，做到不强迫、不放任。

4. 正确对待婴幼儿的排便失误。婴幼儿学会控制排便后，会因为各种原因而出现倒退的现象，如陌生的环境、陌生的照顾人、专注于游戏、情绪低落、恐惧等，都会使婴幼儿出现排便控制失误。保育员应态度和蔼，从婴幼儿的角度出发查找原因，消除一切不利的因素，不批评、多鼓励，帮助他们形成和巩固控制排便的能力。

四、相关知识

1. 排尿训练的知识

（1）排尿的原理

泌尿系统由肾、输尿管、膀胱、尿道组成。肾脏产生的尿液不断经输尿管进入膀胱，在膀胱内暂时储存，并越积越多，当尿液量达 400 mL 时，引起膀胱壁内的压力感受器兴奋，并向脊髓和大脑传出信号，大脑根据情况决定是否排尿。当情况允许时，大脑便向脊髓发出排尿的命令，膀胱口括约肌舒张，尿液流出。当情况不允许时，大脑便发出禁止排尿的命令，于是膀胱口括约肌收缩，尿液便不能流出。所以，排尿是复杂的、受意识控制的反射活动。

（2）排尿训练的条件

成功地训练婴幼儿排尿需要婴幼儿能意识到尿意，并能控制排尿，直至条件许可将小便排出。这需要两个条件：其一，生理的成熟；其二，心理的意愿。

1）生理的成熟。婴幼儿生理的成熟是训练自主排尿的第一步。首先，需要膀胱壁的肌肉层和膀胱口括约肌力量增强，弹性增大。其次，需要大脑皮层成熟，大脑皮层要能够意识到脊髓传来的刺激，并根据当前的环境情况进行分析，而且还应有足够的对脊髓的控制能力。这种能力在一岁至一岁半形成。因此，应抓住这个关键期对婴儿进行训练。有些养育者曾经尝试在婴儿不足半岁时就开始把尿的训练，而且取得了成功，这种成功是养育者的成功，是把尿的行为与婴儿膀胱的涨满刚好一致，不能说明婴儿控制排尿能力的增强。只有婴儿自己意识到尿意，并能主动控制才是真正的成功。婴儿对排尿的控制需要一个漫长的过程，最初婴儿在觉醒状态下逐渐学会控制排尿，但在睡眠时却常常遗尿。随着年龄的增长和大脑皮层控制能力的增强，婴儿逐渐能够在睡眠时控制排尿。

2）心理的意愿。对婴儿进行的排尿训练主要依靠婴儿心理方面的配合，婴儿是否乐于接受训练主要决定于成人在训练中对婴儿的态度，以及婴儿与养育者之间的关系。如果婴儿在排尿训练中感受到养育者的爱护、关心及鼓励，婴儿与养育者之间的关系是亲切、可信赖的，是充满爱和关怀的，那么婴儿就很容易接受训练，否则婴儿会拒绝接受训练，即使采取强迫手段也是无济于事的。

（3）排尿训练的原则

1）保育员应该善于观察，及时提醒婴儿坐盆。

2）保育员在训练婴幼儿排尿时，切忌急躁。

3）若孩子成功排尿应及时给予表扬。

4）为婴幼儿接受排尿训练做好物质和精神上的准备，包括清洁的、位置固定的便盆，合理的生活规律，充满爱的环境等。

2. 排便训练的知识

（1）排便的原理

1）排便是一种反射活动。当粪便进入直肠，就会对直肠壁的机械感受器产生压力刺激。刺激一方面传到脊髓的低级排便中枢，另一方面上达大脑皮层产生“便意”。如果环境许可，脊髓低级中枢发出信息，产生排便行为；但如果频繁抑制便意，直肠对粪便的压力刺激逐渐失去敏感性，导致大便在大肠内存留的时间过久，水分被吸收得过多，粪便变得干燥，这是造成便秘的主要原因。

2）胃－结肠反射。食物进入胃后会引起消化道从胃向直肠的蠕动，致使大肠的内容物被大规模地推到直肠，引起便意。婴幼儿有明显的胃－结肠反射，较小的孩子甚至会出现“直肠子”，即边吃边拉的现象。保育员可以利用这种反射，让婴幼儿饭后坐盆排便，可帮助婴幼儿形成良好的排便习惯。

（2）排便训练对婴幼儿的影响

排便训练不仅可以培养婴幼儿良好的清洁卫生习惯，提高他们的生活自理能力，而且还可以影响婴幼儿心理的发展。所以，保育员对婴幼儿排便训练的态度和方式很重要，正确的态度和做法是对婴幼儿每一次的成功排便表示满意，看淡婴幼儿的每一次排便的失误。不对婴幼儿排便施加压力，将婴幼儿拒绝排便看作是缺乏准备和对此不感兴趣的信号，根据情况暂时停止训练。如果态度和方法不正确，将会对婴幼儿的发展产生不利的影响。

1）保育员的训练态度和行为影响婴幼儿独立性的发展。保育员训练方式得当，可以使孩子感受到排便是自己的事情，应完全由自己做主。但如果训练不得法，就会使孩子在没有便意的情况下仍然要排便，从而产生被迫服从的感觉，这对婴幼儿的独立意识是一个冲击。这种感觉会投射到其他各方面，使他们过度反抗或没有主见，甚至对其主动性、创造性、自信心都是一个打击，对其一生的发展都将产生不利的影响。

2）保育员的训练态度和行为影响婴幼儿行为习惯的养成。保育员迫切的训练态度，可能使婴幼儿学会与保育员讨价还价，把排便作为满足自己要求的条件，这不利于婴幼儿良好行为习惯的养成。但如果方法态度得当，孩子会乐于排便，而且在排便训练中孩子对膀胱的控制能力增强了，这对于孩子自控能力的培养有一定的作用。

3）使婴幼儿懂得用努力获得夸奖。如果保育员训练方法得当，对婴幼儿的排便行为总会报以真诚的赞扬，婴幼儿会意识到自己对大小便的努力能赢得来自保育员的称赞和爱意。保育员的赞扬能激励孩子继续努力，并使他们逐渐懂得，在将来的生活中能够用自己的努力换来好的结果。

第三单元　及时发现婴幼儿大小便的异常

一、学习目标

能够及时发现婴幼儿大小便的异常。

二、工作程序

1. 掌握婴幼儿正常大小便的性状。

2. 观察和记录班内孩子每日的排便规律，诸如大小便的次数和时间间隔。

3. 注意当日的运动量、饮食情况、饮水量以及当日的气温。因为婴幼儿的排便量与他们的饮食情况、饮水量、当日的气温及运动量有关。饮水量大、气温低、运动量小则排尿量大；相反，饮水量正常、气温高、运动量大，则排尿量少。若进食量大，并保持适当的运动量，则排便量会增加。

4. 注意观察本班孩子当日的排便情况，发现问题及时处理。

（1）若孩子喝水不多，而排尿次数却增多，同时伴有血尿、尿痛的现象，应怀疑患有泌尿系统感染，需及时请医务人员进行检查。

（2）若孩子连续几天未排大便，说明出现便秘。保育员应督促孩子多饮水，多吃蔬菜和水果，多运动，帮助孩子形成良好的排便习惯。

（3）若孩子的粪便有酸臭味，则很可能是食量过多或消化不良。应教育他们少吃零食、不暴饮暴食。

（4）若发现孩子拉稀，而且排便次数增多或大便性状异常，应送往医院诊治。

第五节　睡眠照护

睡眠对婴幼儿的健康十分重要，它能消除一天中脑力、体力活动造成的疲劳，使神经系统和骨骼、肌肉、内脏器官等得到休息。尤其是睡眠时人体生长激素大量分泌，有助于促进婴幼儿身高（长）的增长和大脑皮层的发育。因此，无论是在幼儿园还是在家中都应保证婴幼儿充足的睡眠，其中养成婴幼儿良好的睡眠习惯是十分重要的。在婴幼儿睡眠的过程中，保育员要注意观察每个孩子的睡眠情况，一方面要注意被子是否盖好，睡姿是否正确，有无蒙头睡觉，蒙头而未睡的孩子是否在被子下面玩玩具或拆弄被褥、身上的衣服，是否在玩弄生殖器等，若发现以上情况应及时给予帮助和正确引导。另一方面，保育员应注意及早发现突发疾病的孩子，如注意观察孩子睡得是否安稳、脸色是否正常、体温是否正常，有无拉稀、流鼻血等现象，若发现孩子的身体有异常表现或已患病，应及时采取相应的措施。

第一单元 培养婴幼儿的良好睡眠习惯

一、学习目标

能够培养婴幼儿良好的睡眠习惯。

二、工作程序

1. 培养婴幼儿独自入睡的习惯

初入幼儿园的婴幼儿，由于不熟悉幼儿园寝室的环境，不熟悉保育员的照顾，不熟悉集体形式的睡眠，常会出现睡眠困难。加之婴幼儿在家中养成了睡眠需要人陪或哄着的习惯，因此很难度过睡眠关。保育员应为婴幼儿习惯于幼儿园睡眠进而养成好的睡眠习惯做如下的工作。

（1）消除新婴幼儿对睡眠的恐惧感

带领新入园的孩子参观寝室，认识自己的床铺和寝具，并让他们频繁地在自己床周围逗留，使其对新环境产生安全感。

（2）帮助入睡困难的婴幼儿

对新入园且入睡困难的孩子，保育员应有耐心，理解孩子的心情，尽量满足他们的要求，如坐下来，轻拍他们，陪伴他们入睡。

（3）允许新入园的婴幼儿带自己喜欢的物品入睡

保育员应该允许孩子将自己喜欢的陪伴物品，如小被子或毛绒玩具等带到幼儿园，睡眠时陪伴着孩子。

（4）逐步减少陪伴次数

当孩子适应新环境以后，保育员可逐渐减少陪伴的次数，也可视孩子的具体情况逐渐拿掉陪伴孩子的玩具，让孩子学会独立入睡。

（5）配合其他环节进行教育

保育员应在其他教育环节中配合进行睡眠的教育。

2. 养成婴幼儿按时睡眠和按时起床的习惯

幼儿园应执行一定的生活作息制度，使婴幼儿逐渐养成按时睡眠、按时起床的良好习惯。同时，也应做好家长的工作，使婴幼儿在家中也能按照一定的作息时间生活，形成和巩固按时入睡、按时起床的习惯。

（1）设定睡眠和起床的准备时间，让婴幼儿从活动形式、环境、语气等的变化上感受即将睡眠或起床的气氛，做好睡眠或起床的准备。

（2）在睡眠准备时间内，不应使婴幼儿感到兴奋，如不向孩子展示新鲜物品等。

3. 培养婴幼儿正确的睡眠姿势

保育员在组织婴幼儿睡眠中应注意他们的睡姿，教育他们不趴卧、不跪卧、不蒙头睡觉，鼓励他们侧卧或仰卧，以保证孩子的睡眠质量和身体健康。同时还应在婴幼儿睡眠中做到巡视观察，及时发现、纠正婴幼儿不良的睡眠姿势。保育员可在幼儿园一日生活的其他环节，利用不同的形式如唱歌、绘画、捏泥、讲故事等活动，向孩子说明什么是正确的睡姿和正确睡姿的作用。

三、注意事项

1. 循序渐进

婴幼儿独自入睡、按时入睡等习惯的培养，需要一个循序渐进的过程，不可操之过急。

2. 家庭和幼儿园相配合

保育员应了解孩子在家庭中睡眠的一般规律和临时情况，以便随时调整个别孩子的保育策略，以应付突发的情况。

3. 巡视观察

保育员在婴幼儿睡眠过程中应不断巡视、仔细观察，准确把握孩子在睡眠中的身体、行为状况，及时解决出现的意外问题。相反，如果保育员在婴幼儿睡眠时离开寝室而去睡觉、聊天等行为，都是不可取也是不允许的。

第二单元　及时发现并处理婴幼儿的睡眠问题

一、学习目标

能够发现婴幼儿睡眠中出现的问题。

二、工作程序

睡眠是一个看似安全的环节，但在安全的外表下却隐藏着各种事故的隐患，如流

鼻血、发烧、遗尿、玩弄生殖器和玩小物件导致呼吸道吸入异物等。

1．发烧的处理

婴幼儿的病情往往在午睡时间严重。如果午睡中孩子的呼吸加快、脉搏增加、小脸通红、体温高于正常值，保育员应立即把他们送往医务室。

2．遗尿的处理

保育员应了解每一个孩子的排尿规律，注意有尿床习惯的孩子，观察他们是每天尿床还是偶尔尿床。偶尔尿床的孩子大都是由于白天玩得过于劳累，喝水或喝汤过多等缘故造成的。而有尿床习惯的孩子应进行身体检查，防止器质性病变。保育员应逐渐掌握孩子尿床的具体时间，以便及时叫醒排尿。平时保育员应掌握婴幼儿膳食的干稀情况，灵活掌握提醒全体和个别孩子排尿的时间和次数。在婴幼儿睡眠中，保育员应经常检查尿床孩子的被褥，发现尿湿要及时更换。如果孩子出现频繁翻身或身体躲向床的一侧的现象，应考虑是遗尿。

3．玩弄生殖器的纠正

个别孩子有玩弄生殖器的不良习惯，保育员应注意观察，予以纠正。如果婴幼儿睡觉时用被子将头盖住，身体却在有规律地活动，保育员应马上制止其行为，将被子放在其腋下，露出其头部和双臂。

4．流鼻血的处理

北方冬春季节空气干燥，容易导致婴幼儿流鼻血。一旦出现此现象，保育员应立即对孩子进行止血处理，并安慰他，解除他的紧张情绪。

5．玩玩具和拆被褥的处理

睡不着觉的孩子常会在此时间自娱自乐，有的玩偷偷带到床上的玩具，有的吃被子，有的拆寝具和衣物。保育员应仔细观察，及时制止，并防止出现意外事故。

6．异物入体的处理

婴幼儿在无法入睡的情况下玩小玩具或拆毛线衣，很有可能造成异物被吸入呼吸道或毛线缠绕颈部等紧急事故，保育员应细致观察，防患于未然。

7．夜惊或梦游的处理

保育员应及时发现婴幼儿出现的夜惊或梦游现象，并注意声音要轻柔，不可大惊小怪，不要将孩子唤醒，不要紧搂孩子。对梦游的孩子，保育员可以默默地守在他的身边或牵拉他的手臂，密切注意孩子的动向，防止发生意外。对夜惊的孩子，保育员可轻柔地搂抱他们，轻声地安慰他们，直至婴幼儿平静下来。

三、注意事项

1. 保育员在婴幼儿睡眠过程中应不断巡视、仔细观察，及时发现问题。

2. 不论婴幼儿在睡眠中出现什么不良行为或突发疾病，保育员都应态度和蔼，全力以赴地进行解决，决不能有愤怒、烦躁的态度。

3. 保育员应持之以恒地纠正婴幼儿不良的睡眠习惯和睡眠中的不良行为，但切忌操之过急。

4. 保育员应做好家长的工作，了解孩子的睡眠情况，共同配合使孩子养成良好的睡眠习惯，改正不良的睡眠行为，促使孩子健康成长。

第十一章

配合教育活动

第一节　配合室内教育活动

高级保育员在配合室内教育活动时，应在达到初、中级保育员工作要求的基础上完成以下任务：主动了解教师的教育计划，主动配合教育活动；独立指导婴幼儿的游戏和教育活动；根据实际情况独立、正确地解决在游戏和教育活动中出现的问题。

第一单元　了解教育计划和主动配合教育活动

一、学习目标

1. 了解幼儿园教育工作计划的基本内容，明确保育员了解教育计划的重要意义。
2. 掌握主动配合教育活动的内容、程序和方法。
3. 明确主动配合教育工作时应注意的问题。

二、工作程序

1. 了解幼儿园教育计划的类型

幼儿园的教育计划按时间分可分为婴幼儿在幼儿园期间的教育计划、学年教育计划、学期教育计划、月计划、周计划、日计划、活动计划等；按范围分可分为全园教育计划、整个年龄班教育计划、本班教育计划、小组教育计划、个人教育计划等。保育员平时应主动了解这些计划，明确培养的方向、目标和具体的教育方法，做到心中有目标，眼中有孩子，提高教育的针对性和有效性。

2. 与教师和婴幼儿共同做好各类教育活动的物质准备

具体内容见初、中级保育员技能要求中的有关章节。

3. 主动与教师、家长沟通以共同搞好教育活动

在充分了解教育计划的过程中，保育员还应格外重视与教师、家长的沟通，特别是对某个孩子提供教育时更应该及时与教师、家长沟通，发现问题及时解决，共同做好教育孩子的工作。

例如，某中班孩子小灵做事总是慢慢腾腾的，而且屡教不改，家长对此很苦恼。在与教师共同商量后，教师与家长共同制订了帮助这个孩子克服动作过慢行为的教育计划。保育员也参与了这一教育计划的制订。根据计划的要求，教师、保育员、家长和小灵共同制定出在某一段时间内小灵应该完成的任务，并把它们写出来贴在墙上。如果小灵能够按时完成，就可以得到一个小贴士的奖励（奖励可以随着时间的变化而有所变化）。保育员在了解了这个教育计划后，主动在日常的教育、生活活动中注意观察小灵的行为，并及时按照计划要求小灵。很快，在幼儿园和家庭的相互配合下，小灵动作拖沓的毛病有了很大的改观。

4. 根据不同的要求主动配合教师搞好教育活动

（1）在幼儿园进行的各种教育活动中，保育员要认真观察孩子和教师的行为，及时了解教育动态和活动的需求，及时与教师沟通，共同搞好教育活动。

例如，王老师在给孩子们演示物体的沉浮实验，当王老师问什么东西会沉下去时，孩子们回答说："铁。"当王老师正要把准备好的铁块放到水里时，忽然发现铁块不见了。这个情况被一直密切关注王老师和孩子行为的保育员发现了。她灵机一动，把班里的铁锁头递给了王老师，保证了教育活动的顺利进行。

又如，小刚是一个十分好动的孩子，上课时总是不能集中注意力，自制力也比较差。因此，每次上课时保育员都会坐在小刚的旁边，在他不能认真听讲时轻轻地拍拍他的肩膀，在分小组活动时鼓励小刚积极参与，让他体验到活动的乐趣。慢慢地，小刚变了，对学习活动产生了兴趣，自制力也有了一定的提高。

（2）在幼儿园除按计划要求进行的教育内容外，还有许多教育活动是根据孩子们在日常生活中的兴趣而形成的。在这类活动中保育员要随时观察孩子们的行为，发现他们感兴趣的事情应及时形成新的教育活动。

例如，在一次美工分组活动中，孩子们被要求用不同的颜色画水彩画。小鸣等孩子

在洗笔时发现洗笔水的颜色变了，于是对这一现象产生了浓厚的兴趣，大家围在一起议论起来。保育员发现了这个现象，及时与教师进行了沟通，他们一致认为，孩子们这时已经对颜色的变化产生了兴趣，应该利用孩子们的这个兴趣使他们对颜色的认识加深一步。于是，保育员不仅没有对孩子们的“不务正业”进行批评，反而又帮孩子们拿来了一些颜料，鼓励孩子们大胆实验。就这样，一个有关颜色的教育活动便形成了。

（3）做好活动结束后的收拾和整理工作。具体内容见本书初、中级保育员技能要求中的有关章节。

三、注意事项

1. 保育员要认真学习本园、本班的教育工作计划，对儿童的发展情况、发展目标和教育要求做到心中有数。

2. 平时保育员要认真观察孩子们的行为表现，及时与教师相互沟通，做好工作。

四、相关知识

幼儿园教育工作计划简介如下：

1. 概念

幼儿园教育工作计划是指教育者为实现教育的目的，根据孩子的实际发展水平和需要，对学前儿童进行教育活动的规划和安排。

2. 幼儿园教育计划

幼儿园教育计划通常包括全园教育计划、年龄班计划（学年计划）、学期计划、月计划（主题或单元计划）、周计划、教育活动计划等。这些计划要在充分了解孩子发育特点和水平的基础上，对孩子生活、学习和游戏等各项活动进行科学、合理的安排，以保证他们能够愉快地进行学习和生活。幼儿园的教育工作既应该按照计划的要求有条不紊地展开，同时又要根据孩子的情况和教育的需要随时调整计划，让教育活动既有计划性又有灵活性，使每个孩子都能获得很好的教育，实现各自富有特色的发展。

第二单元　指导婴幼儿的游戏和教学活动

一、学习目标

1. 明确科学、正确地指导婴幼儿游戏和教学活动对其发展的重要意义。

2. 掌握指导婴幼儿游戏和教学活动常用的方法及工作程序。

3. 明确在指导婴幼儿游戏和教学活动时应注意的问题。

二、工作程序

1. 确定教育目标

在确定教育目标时，保育员应认真观察孩子们的行为，了解他们的发展水平和需要，针对本班孩子的具体情况而定。其具体做法是：

（1）观察孩子们的行为表现，了解他们的发展情况。

（2）将《幼儿园教育指导纲要（试行）》的要求与本班孩子的发展情况进行对照。

（3）根据对照的结果确定教育的目标。

2. 选择教育内容

确定教育目标后应结合婴幼儿的兴趣、以往的知识和经验以及发展水平，选择教育的内容。

3. 创设教育环境

保育员应与教师、孩子共同准备游戏和教学活动的材料、设备，并与孩子共同讨论活动的规则和注意事项。

4. 选择教育的途径、形式和方法

家庭、幼儿园、社区都是对婴幼儿实施教育的有效途径，保育员应善于根据目标和孩子的需要，利用多种途径对婴幼儿实施教育影响。集体教学、小组教学和个别教学等形式，是幼儿园经常采用的教学方式，不同的教育内容应选择不同的教育形式。受婴幼儿学习特点的影响，幼儿园教育形式不能过于单一，而应是多种形式的综合，以满足婴幼儿活动的需要。幼儿园教育的方法有很多，选择的教育方法是否得当，考察的标准是能否充分调动婴幼儿参与活动的主动性和积极性，即所谓的教学有法，但无定法。

5. 实施教育（游戏）活动

在实施教育（游戏）活动的时候，保育员要适时地参与到孩子们的游戏和教学活动中，注意观察孩子的行为表现，并在孩子需要帮助时给予他们恰当的帮助和指导。

6. 进行教育评价

首先，在活动结束后保育员应对活动的情况进行小结，帮助孩子们整理在活动中获得的知识和经验，并启发引导孩子们下次活动的兴趣和愿望。

其次，保育员要对自己在活动中的表现进行反思，为今后的教育工作提供依据。

在教育（游戏）活动结束后，同孩子们一起对活动场地和所用的设备、材料进行收拾和整理。

三、注意事项

1. 重视观察在指导婴幼儿活动中的作用。

2. 要处理好有指导的活动与婴幼儿自由活动之间的关系。

3. 在活动中要注意关注每一个孩子的活动情况，并根据其不同的特点和需要给予恰当的指导。

4. 注意与孩子们建立和谐的师生关系，使他们愿意接受保育员的指导。

5. 在艺术教育活动中保育员应明确，幼儿园艺术教育的目的是通过让婴幼儿从事自己喜欢的艺术活动，培养婴幼儿初步感受美和表达美的能力，而不是早期的某种艺术技能的训练。

例如，在组织孩子们画画的活动中，有的保育员总是用“好不好”和“像不像”来评价，这样做的结果是使每一次画画都成为打击孩子自信心的活动。因为，大多数孩子由于其小肌肉的功能还不发达，手对笔的控制能力还比较差，达不到保育员要求的画得“好”和画得“像”的标准。长此以往，孩子绘画的积极性就会被压抑了。

因此，在指导婴幼儿艺术活动的过程中，保育员应该关注他们在活动中能否大胆表现，是否具有主动性和创造力及认真细致的学习态度，而不能仅以“好不好”和“像不像”来评价孩子。

四、相关知识

婴幼儿游戏的指导方法和幼儿园各领域的教育内容及其实施途径、方法等。

第三单元　解决游戏和教学活动中出现的问题

一、学习目标

1. 了解婴幼儿在游戏和教学活动中经常出现的问题。

2. 掌握解决婴幼儿游戏和教学活动中常出现问题的方法和工作程序。

二、工作程序

1. 婴幼儿在游戏和教学中经常出现的问题

婴幼儿在游戏和教学中经常会出现很多问题，有些是由于年龄特点和个性特点决定的，如好动、心急、调皮、做事马虎、“人来疯”、爱争抢玩具、同伴之间容易发生矛盾、有反抗心理等，有些则是由于教育的方法不当和活动本身存在问题造成的，如孩子对活动不感兴趣，自己力所能及的事情依赖别人，爱发脾气，不合群，做事情总是慢半拍，活动的材料或工具不足，或出现损坏现象等。保育员每天都要遇到很多这样的问题，因此一定要树立良好的教育观念，用科学和正确的态度处理婴幼儿在游戏和教学活动中出现的问题。

2. 解决在游戏和教学活动中出现问题的工作程序

（1）认真观察和了解孩子们的行为，正确分析和认识在游戏和教学中出现的问题

有一次，某中班保育员正在给小朋友讲故事，大家都听得津津有味，只有小静一个人在乱翻书包没有听讲。保育员对小静说：“大家都在听故事，你不要翻书包了，快坐好了……”话还没说完，小静就用两手捂住耳朵，把脑袋扭向一边，表示出非常反感的样子。保育员看到她的表现，知道她对批评一时还接受不了，因为小静是一个自尊心很强的孩子。于是，保育员走过去蹲下身子，拉着小静的手悄悄地说：“能告诉我你为什么不想听故事吗？”小静大声说：“我听过了，不想再听了！”保育员说：“噢，你听过了，那你能给大家讲一讲这个故事吗？”“好吧，这个故事是说……”

从上面的例子可以看出，保育员开始的时候批评孩子，孩子不接受的原因是其没有了解这个孩子行为背后的真实原因。后来对孩子的教育则改正了开始比较武断的做法，了解了原因，满足了孩子的活动需要，收到了比较好的教育效果。因此，树立正确的教育观念，正确分析和认识婴幼儿在游戏和教学活动中出现的问题，是正确解决问题的关键。

（2）采用正确的方式与孩子们交往，充分利用解决问题的时机对孩子进行教育

有的保育员经常抱怨孩子们调皮、不听话，虽然天天被批评可就是改不了。其实，心理学的研究证明，同一种刺激持续一段时间后，在心理上就会产生适应现象，对该刺激的敏感性降低，甚至体会不到它的存在了。调皮的孩子如果经常受到批评，而且每次批评的话都是一成不变的，他们就会把它当作耳旁风，因此对其行为的改善是没有什么帮助的。

保育员在与孩子们交往的过程中要根据孩子的特点，采用合适的方式，只有这样

才能取得满意的教育效果。例如，平平是一个个性非常强也非常聪明的孩子，上课时对某些问题的反应很快，经常不举手就突然打断老师的话，造成课堂秩序的混乱。为此，平平经常受到老师的批评，但平平却满不在乎，依然故我。经过仔细观察，保育员发现平平有很强的表现欲，但由于不善于控制自己，所以常常事与愿违。于是，在一次分组的手工活动中保育员对全体小朋友说："今天我请平平给我当助手，请他给我当物品保管员，大家需要什么东西，都可以到平平的仓库去领。"平平听后很激动，因为他太淘气，从没有机会帮老师做事情，因此，他格外珍惜保育员给他的这次机会。在活动中平平格外卖力气，对所有来领东西的孩子都非常客气、有礼，小朋友对他的表现给予了很高的评价，使他体验到了成功的愉快。从这以后，他在活动中能够有意识地控制自己，获得了老师更多的鼓励，其行为有了很大的改观。可见，适时地给调皮的孩子一些支持与鼓励，会很容易取得事半功倍的效果。

（3）相信孩子的能力，给孩子留有依靠自己的力量解决问题的机会

例如，孩子们在游戏中经常会发生争吵现象，如某某抢了别人的玩具。有的保育员在此时总是充当"调解委员"的角色，这样做的结果是使孩子养成了过分依赖的毛病，稍有小事就找保育员，有时调解得不好，还会招致孩子们的不满，降低了保育员在孩子们心目中的威信。其实，在许多时候保育员应该"退居二线"，把解决问题的机会留给孩子们，使孩子们从中得到锻炼。如某大班的两个孩子因为争抢一件玩具发生了争吵，争执不下时找到保育员来解决。保育员说："你们已经是大班的孩子了，应该能够自己解决这个问题。你们俩商量一下可以怎么玩这个玩具，一会儿告诉我。"说完，保育员就离开了，把问题留给了孩子。两个孩子你看看我，我看看你，只好开始商量怎么玩儿这个玩具。最后，两个人用石头、剪子、布的方式决定谁先玩，玩 10 min 后换另一个人玩。孩子们依靠自己的力量圆满地解决了这个问题，从中也锻炼了自己解决问题的能力。

（4）加强家园联系，统一教育策略

在婴幼儿游戏和教学活动中出现的一些问题不是马上就能解决的，如孩子的反抗行为、爱发脾气等。这需要家园共同配合，给孩子创设一个良好的教育环境，经过家长和保育员的共同努力、长期教育才能取得效果。因此，解决婴幼儿在游戏和教学活动中出现的问题，家园的共同配合是十分重要的。

三、注意事项

1. 在游戏和教学活动中，保育员应注意观察孩子们的活动，找出问题的真正原因。

2. 重视孩子的个体差异，解决问题的方式应因人而异。

3. 改进活动的内容和方式方法，使之更加符合孩子的特点和兴趣，减少问题的出现。

第二节 配合室外教育活动

一、学习目标

1. 掌握独立组织户外活动的工作程序和方法。
2. 明确独立组织室外活动时应注意的问题。

二、工作程序

1. 根据活动和婴幼儿的需要准备场地和设备，并检查其安全性。
2. 检查孩子们的衣着鞋帽是否符合活动的要求。
3. 根据计划组织并参与孩子们的活动，在活动中注意观察他们的活动状况，特别是体弱儿、患病儿和个别儿童的情况，发现问题及时解决。
4. 在活动中要做到动静交替，随时调整活动量，使他们既能充分活动，又不至于过分疲劳。
5. 活动快结束时要发出将要结束活动的指令，提醒孩子们整理好自己的玩具和物品，做好结束前的准备工作。
6. 结束活动时与孩子们一起收拾整理活动的场地和材料、设备。
7. 对活动的情况进行小结。

三、注意事项

1. 在活动中特别是在自由活动中要注意婴幼儿的安全，防止他们因过分激动而出现安全问题。
2. 要保证婴幼儿户外活动的时间，每天户外活动的时间不得少于 2 h。

3. 在婴幼儿的户外活动中，要处理好教师组织的活动与婴幼儿自由活动之间的平衡。

4. 应该把户外活动看成是婴幼儿全面发展的重要组成部分，在完成锻炼身体目标的同时，也要完成其他领域的目标。

第三节　创设良好的教育活动环境

环境和操作材料是婴幼儿发展的必要条件，良好的环境和充足的操作材料对促进婴幼儿各方面的发展是很重要的。保育员应该能够根据教育目标及内容，协助教师进行环境的创设。

一、学习目标

1. 明确良好的环境对婴幼儿发展的重大意义。
2. 掌握创设幼儿园环境的工作程序和方法。
3. 明确创设幼儿园环境中应注意的问题。

二、工作程序

1. 根据计划要求和婴幼儿的实际情况创设环境

环境的创设应该首先体现它的教育性，要有利于教育目标的实现。因此，幼儿园的环境应该是动态的，因为不同的活动对环境材料的要求是不同的，保育员应该能够根据教育的实际要求进行物质环境的准备。

2. 与教师、家长、孩子共同积累和选择合适的材料制作玩具和教具

积累和选择的材料应符合安全性、多用性、开发性和环保性等特点。例如，某幼儿园在准备新年的墙饰时，把孩子们在美工课上剪下来的边角料经过处理贴在墙上，布置成一棵美丽的圣诞树，孩子们非常喜欢。另一所幼儿园让孩子们收集旧的大纸箱，保育员把它们接起来，做成了管道，孩子们可以在里面自由地钻爬，非常快乐。

另外，许多幼儿园重视充分利用资源，将旧轮胎、电缆圈、滚轴、用坏了的木桶等都做成了室外玩具。这些玩具有许多是教师、保育员和家长共同制作的。在制作过程中，家长了解了玩具对婴幼儿发展的意义和作用，制作玩具的过程成为教师、保育员和家长互相合作、交流的过程。

3. 与教师和孩子们共同布置环境

如前所述，幼儿园的环境应该是动态的，应以符合婴幼儿活动的需要和实现教育的目标为前提，因此，布置和准备环境的过程就是教育的过程。保育员在布置和准备环境时，应该让孩子们参与进来，了解并尊重他们的想法，满足他们的需要，使环境真正实现为婴幼儿的全面发展教育服务。

4. 创设自由、宽松、和谐、安全的精神环境

在幼儿园的各种教育活动中，孩子们能否投入和积极参与是活动能否取得成功的关键，而孩子们对活动的主动性和积极性的产生则主要受幼儿园精神环境的影响。因此，保育员应善于创设自由、宽松、和谐、安全的精神环境，让孩子们在这样的环境中大胆尝试、积极自由探索、获得发展。在与婴幼儿交往的过程中保育员应做到以下几点。

（1）热爱和尊重婴幼儿，以平等的态度对待他们。

（2）支持婴幼儿活动的想法，想方设法为他们创造活动的条件。

（3）以积极的态度与孩子们交往，特别是在孩子犯错误时也不能讽刺、打击孩子，应该始终让孩子感到保育员是爱他的。

三、注意事项

1. 在布置环境的过程中应该尊重孩子们的想法，满足他们的愿望，体现孩子是教育的主体的思想。

2. 做好家长工作，充分调动家长参与环境布置的主动性和积极性。

四、相关知识

详见“国家职业技能等级认定培训教材——合编版”《保育员（基础知识）》一书中有关学前教育机构环境的内容。

第十二章

做好安全工作和培训指导

婴幼儿安全教育的目的在于帮助婴幼儿掌握日常生活中最基本的安全知识和技能，使婴幼儿逐渐懂得爱护自己和他人，不断增强自我保护的意识和能力。婴幼儿安全教育具体包括以下几个方面：基本安全知识的教育，自我保护意识的培养，保护自己不受伤害或少受伤害能力的培养等。

第一节　对婴幼儿进行基本的安全常识教育

一、学习目标

在日常工作中，让婴幼儿了解基本的安全常识，掌握更多的自我保护知识。

二、工作程序

1. 了解基本的安全常识。
2. 通过游戏和日常生活对婴幼儿进行安全常识的教育。

三、相关知识

1. 防火知识

（1）要教育婴幼儿不玩火，不靠近火源，着火了赶快告诉成人。

（2）知道报火警电话是“119”。

（3）知道水、土、沙子都能灭火。

（4）见到点着的烟头和小火苗时要踩灭它。

2. 防电知识

（1）教育婴幼儿不玩弄电器开关、插销、插座等，不摆弄电器，不靠近电源，告诉婴幼儿触电会使人心跳和呼吸发生严重的紊乱，乃至心跳迅速停止。

（2）知道电的标志，见到高压电标志要远离。

（3）让婴幼儿知道遇雷电时不要看电视，并提醒成人拔插销。在室外遇雷雨时不要在大树下避雨，也不要在山坡或空旷的高地上行走，以免发生被雷击的意外事故。

（4）不要捡拾掉在地上的电线，也不要靠近电线，以防触电。

3. 防水知识

（1）教育婴幼儿不要在距离水边较近的地方玩耍。

（2）游泳时要注意安全，如不能到水流湍急处游泳，也不要在饥饿、疲劳的情况下游泳。游泳前要做好充分的准备活动，以免在水中发生腿抽筋造成溺水事故等。

（3）遇到同伴溺水，要学会呼救。

4. 防交通事故的知识

（1）教育婴幼儿乘车时要按次序上下车，扶好车上的把手，不将头探出车外，不将手伸出车外挥手。

（2）教育婴幼儿不独自过马路。

（3）指导婴幼儿认识一般的交通标志，学会靠右行走。

（4）告诉婴幼儿简单的交通规则，并教育其遵守交通规则。知道红灯、绿灯、黄灯的含义，知道慢行线、快行道、人行横道和安全岛的含义。

5. 防毒知识

（1）教育婴幼儿不食脏物，不捡食花草种子及落地果。

（2）教育婴幼儿不自己拿药吃，生病时按医嘱按时服药。

（3）闻到有气味不适时，会捂鼻子离开；知道打开门窗放毒气、烟雾，会用湿毛巾捂鼻子。遇到紧急情况时，会躲在较低的地方，知道远离抽烟的人。

6. 常见标志的知识

（1）地面交通标志

了解交通标志，预防发生交通意外事故，减少婴幼儿人身伤害悲剧的发生。同时，要对幼儿加强交通标志教育。交通条例规定：机动车辆、自行车、畜力车辆等都要靠右侧行驶。车辆和行人各行其道，必须遵守各种交通规则和各种标志符号，按规定行车、行走。如果违反了这些规定就要受到处罚。

1）红绿灯信号的标志。“红灯停、绿灯行。”行人要根据人行道红绿灯指示，在绿灯亮起时通过人行横道。如在马路中间车辆很多，来不及穿过时，要在安全岛或两条安全线中间停止行走，待车辆远行后再过马路，切勿乱跑。

2）交通事故多发区的标志。十字路口、急转弯、向左拐、向右拐、下坡地段危险、事故多发地均有明显的标志，车辆要严格遵守这些标志。

（2）防火标志

防火标志一般设置在容易发生火灾，且一旦发生火灾可能严重危及人身和财产安全以及对消防安全有重大影响的消防安全重点部位。看到此类标志，要注意不点燃明火及丢弃易燃物品。

（3）防电标志

教育儿童不要靠近有防电标志的地方，要远离此地玩耍。看到这种标志说明这里危险，更不能随便触摸。遇到紧急情况，知道呼救，请求他人帮助。

（4）防毒标志

看到容器上的防毒标志，要尽量避开，不要随便触摸，也不要将容器打破，更不能试食，闻到异味时要用手或手绢捂住口鼻，并迅速离开现场。

（5）易碎标志

看到有易碎标志的物品时不要把重物放在上面，也不要在上面踩踏、玩耍。

（6）易湿标志

易湿标志表示要防潮，不能雨淋或着水。要教育儿童不要在有此标志的地方玩水。

（7）不宜倒置的标志

此标志表示其中放有流动液体等物，倒置会流溢外出，因此对有不宜倒置标志的物品不要随便搬动、倒放。

7. 求救的知识

当遇到紧急情况或有了危险需要求救时，要使孩子们学会：

（1）向警察、工作人员（如门岗战士、售货员等）求救，这样比较安全。

（2）打电话求救，知道火警电话是“119”，急救中心电话是“120”，匪警电话是“110”。

第二节　对婴幼儿进行安全自护的教育

一、学习目标

能在日常工作中学会对婴幼儿进行安全教育，提高婴幼儿自我保护的意识和能力。

二、工作程序

1. 保育员要了解对婴幼儿进行安全自护教育的知识。
2. 通过游戏、日常生活对婴幼儿进行安全自护教育。

三、相关知识

1. 生活和活动中的自我保护

（1）饮食方面

教会婴幼儿识别腐败变质的食物和饮料的简单方法，以及防烫、防噎、防呛、防咬舌和腮的知识。

教育婴幼儿安静进食，细嚼慢咽，进食前先看、闻或摸食物或饮料，了解它们是否变质或太烫。不喝生水，养成不把不干净的物品放到嘴里的行为习惯。

（2）着装方面

让婴幼儿知道受凉、在烈日下久晒会生病，应随气温变化及时增减衣服。在烈日下活动要戴遮阳帽，鞋不合适应请父母更换，鞋内有沙子、石子要及时取出，以防脚受损伤。

（3）居住方面

住楼房时知道以下行为不安全，并养成不做这些行为的习惯：爬窗台、钻爬阳台的护栏、从楼道的护栏上向下滑、从台阶上向下跳、从楼上向下抛物泼水、上下楼不守秩序、开关门时手伸在门缝里。

（4）睡眠方面

教育婴幼儿养成正确的睡姿，知道早睡早起的好处，养成良好的睡眠习惯；不把异物带到床上玩，不往口、鼻、耳内塞东西；睡前小便，按时大便，睡眠时安静、不打扰别人。

（5）行路安全方面

让婴幼儿了解路面上的障碍物，例如坑、洞、临时搭放的木板、石块；知道不安全因素，如行驶的车辆、跑动的牲畜、高处掉下的东西、拥挤的人群等；识别交通安全标志，如红绿灯、人行横道标志、禁止通行的标志、危险标志。教育婴幼儿在走路时注意力要集中，注意看路面障碍，不东张西望；遵守交通规则，乘车时遵守乘车安全规则。

（6）疾病知识方面

使婴幼儿知道以下症状是不健康的，如发烧、呕吐、腹泻、鼻塞、鼻出血、牙出血、便血、便虫、头疼头晕、腹疼、眼睛不适。发现身体不适和有疾病症状，应及时告诉家长及保育员，以便及时治疗。

教育婴幼儿有病应诊治，并主动配合医生，打针、吃药不哭叫。知道不同的药治不同的病，吃错了药会加重病情，应在大人照看下吃药。发现药味有变化应及时告诉大人。

（7）活动方面

保育员要经常教育婴幼儿注意以下几个方面：

1）经常锻炼身体。

2）遵守秩序和规则，避免安全事故。

3）不在危险的地方玩耍，玩耍时不远离集体。

4）发现游艺娱乐器械损坏，不要去玩耍。

5）不招惹猫、狗等动物。

6）不乱扔石子、沙土、棍棒或互相投击。

7）受到别人欺辱或受到不公平对待时，要敢于讲道理、表示不满和反抗。

2. 意外情况下的自我保护

（1）防被丢失能力的培养

让婴幼儿知道：私自外出、离开集体等都可能被丢失。

让婴幼儿掌握防止丢失的方法：紧跟家人、老师或同伴，不独自走开；在指定的地方活动，不跟陌生人走。

让婴幼儿记住求助的知识：记住家庭地址、电话号码、父母姓名、所在幼儿园的名称，主动向警察叔叔或阿姨求助。

（2）防拐骗和坏人进家

让婴幼儿知道陌生人有好人也有坏人，有些坏人会装作好人行骗，要学会识别坏人的本领，要防坏人，也要防止误解好人的好意；独自在家中时，要有礼貌地拒绝给陌生人开门；要有礼貌地拒绝陌生人送的食物、玩具或书画；拒绝陌生人的亲、抱；被人强行抱走或拉走时，要大声呼喊求救。

（3）防不测的突发灾害

让婴幼儿知道遇到水灾、火灾、风灾、地震、车祸、冰雹等时，不慌张哭叫，要紧跟家人寻求保护；不怕雷声、闪电；与家人失散时，应走向有人声、有灯光的地方去呼救；不慎陷进坑洞时不要惊慌，要倾听，如听到人声或脚步声时要大声呼救；同伴不慎落进坑内或溺水，要大声呼救。

（4）心理自护能力的培养

从小培养勇敢、沉着、机智的品质，教育婴幼儿在伤心难过时应向他人诉说；不顺心时要愿意向他人诉说，并能用简单的办法转变情绪；有困难时不哭，知道努力去克服困难，不气馁。

四、注意事项

由于自护教育具有较强的知识性和科学性，内容又具有广泛性和弥散性，这就要求自护教育的手段应有渗透性、灵活性和随机性。因此实施自护教育时应注意：

1. 自护常识和活动要求的难易程度要考虑婴幼儿的接受能力。
2. 要遵循由浅入深、由易到难、循序渐进的教育原则。
3. 自护教育的内容要由近及远，由己及彼，不脱离婴幼儿的生活范围。
4. 教育的频率要适度。

第三节　对初级、中级保育员进行培训和指导

一、学习目标

能在一日生活中对初级、中级保育员进行指导。

二、工作程序

1. 在实际操作中，能对初级、中级保育员讲清保育员工作的内容、工作职责和工作要求。

2. 在实际操作中，能对初级、中级保育员讲清每一个工作环节的工作要点，并能进行示范。

3. 在实际操作中，能对初级、中级保育员的工作进行简单的评价。

4. 能指导初级、中级保育员写出保育工作计划、总结和撰写专业文章。